Una fe
Valiente

100 DEVOCIONALES PARA NIÑAS

Melanie Shankle

ORIGEN

Título original: *Fearless Faith*

Primera edición: agosto de 2025

Esta edición es publicada bajo acuerdo con HarperCollins Christian Publishing, Inc.

Copyright © 2018 by Melanie Shankle
Ilustraciones © 2018 by Heather Gauthier

Publicado por ORIGEN, marca registrada de
Penguin Random House Grupo Editorial USA, LLC
8950 SW 74th Court, Suite 2010
Miami, FL 33156

Traducción: Enjoy Services
Copyright de la traducción ©2025 por Penguin Random House Grupo Editorial
Ilustración de cubierta: Heather Gauthier

A menos que se indique lo contrario, tdas las citas bíblicas utilizadas corresponden a la Santa Biblia, NUEVA VERSIÓN INTERNACIONAL® NVI® © 1999, 2015, 2022 por Biblica, Inc.®, Inc.® Usado con permiso de Biblica, Inc.® Reservados todos los derechos en todo el mundo. También se usó la Nueva Traducción Viviente NTV y la Traducción al Lenguaje Actual TLA.

Penguin Random House Grupo Editorial apoya la protección de los derechos de autor. Los derechos de autor estimulan la creatividad, fomentan la diversidad de voces, promueven la libertad de expresión y crean un ambiente cultural vivo. Gracias por comprar una edición autorizada de este libro y por cumplir con las leyes de derechos de autor al no reproducir, escanear ni distribuir cualquier parte de este en cualquier forma sin permiso. Está apoyando a los escritores y permitiendo que PRHGE continúe publicando libros para todos los lectores. Ninguna parte de este libro puede ser utilizada ni reproducida de ninguna manera con el propósito de entrenar tecnologías o sistemas de inteligencia artificial.

Impreso en Colombia / *Printed in Colombia*

ISBN: 979-8-89098-241-4

Para mi dulce Caroline:

*Que siempre tengas una fe que te haga valiente.
Sé intrépida, sé amable, sé todo lo que
Dios quiere que seas.*

Introducción

Tengo una hija que debe ser tan solo un poco más grande que tú ahora, pero la he visto aprender a confiar en Dios de muchas maneras a lo largo de los últimos años. Recuerdo que cuando yo tenía tu edad intentaba descubrir lo que Dios quería que hiciera con mi vida y cómo podía marcar una diferencia en el mundo que me rodeaba. La conclusión a la que llegué es que vivimos en un tiempo que nos llama a tener una fe valiente.

No siempre va a ser fácil hacer lo correcto o defender lo que crees, porque habrá personas a tu alrededor que no van a entenderlo, pero servimos a un Dios que nos llama a cosas más grandes de las que podemos imaginar y está con nosotros a cada paso del camino. Todos tenemos momentos en que sentimos miedo y es difícil confiar en que Dios nos va a ayudar en todos los desafíos que se nos presenten. Sin embargo, la fe valiente nos ayuda a hacer aquello para lo que Él nos llama en lugar de sentir miedo. Mi deseo es que los devocionales y las actividades de este libro te ayuden a conocer más a Dios y te recuerden que Él te hizo amable, aguerrida y valiente. El mundo está esperando que brilles con intensidad, dulce niña.

Con amor.

Melanie

DÍA 1

> Ya te lo he ordenado: ¡Sé fuerte y valiente!
> ¡No tengas miedo ni te desanimes!
> Porque el Señor tu Dios te acompañará
> dondequiera que vayas.
>
> JOSUÉ 1:9

Cada uno de nosotros tiene miedo de algo. Aun los que aparentamos ser valientes, por lo general, solo somos mejores que otros para ocultar que en realidad estamos muy asustados, pero ¿sabes qué es increíble? Que Dios sabe que estamos asustados e igual nos utiliza para cumplir sus propósitos.

Una vez leí que la frase "no temas" y sus variantes se utilizan trescientos sesenta y cinco veces a lo largo de toda la Biblia. Van a ser pocas las situaciones de la vida en las que no sientas miedo. En *El mago de Oz*, el León Cobarde se pasa todo el viaje buscando valor y, cuando al fin conoce al Gran Mago de Oz, le dice que el verdadero valor es enfrentar al peligro aunque tenga miedo.

Sin dudas, Josué estaba aterrado al ver que se acercaba su hora de guiar al pueblo de Israel por el río Jordán hacia la Tierra Prometida. Pero en Josué 1:5 Dios le aseguró: "Nadie será capaz de enfrentarse a ti. Así como estuve con Moisés, también estaré contigo; no te dejaré ni te abandonaré". Dios nos promete lo mismo a nosotros.

RECORDATORIO

Pasaremos momentos de miedo, se presentarán circunstancias aterradoras, habrá gigantes interponiéndose en nuestro camino, pero tenemos un Dios que está con nosotros siempre y nos susurra que el verdadero valor está en avanzar con miedo y dar un salto de fe, siempre con la certeza de que Él promete no abandonarnos nunca.

ESCRIBE...

¿Qué te da miedo? ¿Cómo puedes cambiar tu miedo por valentía?

_____

_____

_____

_____

_____

_____

_____

DÍA 2

Porque somos hechura de Dios, creados en Cristo Jesús para buenas obras, las cuales Dios dispuso de antemano a fin de que las pongamos en práctica.

EFESIOS 2:10

A veces es fácil mirar alrededor y desear ser como otra persona. Deseamos poder cantar como tal o tener buenas calificaciones como siempre tiene una de nuestras amigas. Tal vez deseamos tener cabello rubio largo o no tener tantas pecas en nuestra nariz. A lo mejor, en algún momento, alguien dijo cosas hirientes que nos hicieron sentir que no éramos tan buenas o inteligentes.

Sin embargo, el salmo 139 afirma que somos una creación admirable y maravillosa. Dios nos creó a cada uno de nosotros para vivir en este tiempo y en esta generación en particular así como somos. Nuestra escuela, nuestros amigos y nuestra familia no serían iguales sin la forma única en que fuimos creados. El salmo 17:8 afirma que somos "la niña de los ojos" de Dios. El salmo 18:19 señala: "Me libró porque se agradó de mí". Isaías 49:16 expresa: "Grabada te llevo en las palmas de mis manos", y Sofonías 3:17 dice que: "Se deleitará en ti con gozo, te renovará con su amor, se alegrará por ti con cantos".

Ese es un gran amor. Dios quiere darnos esperanza y un futuro. Él nos ve como sus obras maestras.

RECORDATORIO

Dios a cada quien con un plan y un propósito específico en mente. Él nos dio talentos, dones y habilidades. Nuestra tarea es descubrir cuáles son y utilizarlos bien.

ESCRIBE...

¿Cuáles son algunos de tus dones?

_____

_____

_____

_____

_____

_____

_____

DÍA 3

No dejemos que la vanidad nos lleve
a provocarnos y a envidiarnos unos a otros.

GÁLATAS 5:26

A todos nos encanta Instagram y Snapchat, pero al mismo tiempo, nunca hemos tenido tantas formas de comparar nuestras vidas con las de nuestros amigos. Sabemos lo que desayunan, si tienen una fiesta o si están de vacaciones.

A veces pareciera que la vida de los demás es mejor que la nuestra. Hay una frase famosa que afirma: "La comparación nos roba la alegría", porque cuando prestas demasiada atención a lo que tiene el otro, es fácil olvidar todas las cosas buenas que Dios te ha dado.

Necesitamos recordar que las redes sociales no son reales, solo son una imagen rápida y hermosa que ni siquiera es tan genial como se ve en Snapchat. Todos tenemos nuestros dones singulares. La vida es muy corta para compararse. Debemos andar por nuestro propio camino y no malgastar el tiempo mirando a la derecha o a la izquierda para ver lo que hacen los demás.

Motivémonos a ser la mejor versión que Dios nos ha llamado a ser y animémonos. Así es como se construye un fundamento sólido para una amistad real. Recuerda que Dios tiene cosas mucho más interesantes para que hagamos con nuestras vidas en vez de pasar el tiempo comparándonos con alguien más.

RECORDATORIO

Tú eres una pieza original.

ESCRIBE...

En lugar de compararte con alguien más, escribe las cinco cosas que más te gustan de ti.

_____

_____

_____

_____

_____

_____

_____

DÍA 4

Entonces, ¿busco ganarme la aprobación humana o la de Dios? ¿Piensan que procuro agradar a los demás? Si yo buscara agradar a otros, no sería siervo de Cristo.

GÁLATAS 1:10

Muchos de nosotros somos personas complacientes que queremos agradar a todos. Queremos que todos piensen que somos buenas personas y nos gusta camuflarnos entre la multitud para no abrirnos y hacer que la gente diga: "Bueno, eso es raro".

Vivimos en un mundo en el que la aprobación es importante. Gran parte de lo que publicamos en redes sociales es para tener "me gusta" y que la gente nos diga lo geniales o graciosos que somos.

El problema es que siempre habrá personas a las que no les agrademos, a veces incluso por motivos incomprensibles. Por eso debemos recordar que la única aprobación que importa viene de Dios. Nadie te conoce como Él y, como es el único que te conoce por dentro, su aprobación es la única que importa.

Para vencer el miedo a lo que otros piensen de ti debes pedirle a Dios que te ayude a encontrar esa seguridad verdadera que solo viene de Él. Es decir, que te ayude a saber quién eres en Cristo, lo que Él ha hecho por ti y lo mucho que te ama.

RECORDATORIO

Descubre para qué y con qué propósito fuiste creada, y deja de preocuparte por lo que otros pensarán de ti. Cuando hagamos aquello para lo que Dios nos creó, seremos mucho más felices y no nos importará tanto lo que otros piensen.

ESCRIBE...

Utiliza estas líneas para enumerar las cosas que más te gusta hacer.

_____
_____
_____
_____
_____
_____
_____

DÍA 5

Cuando contemplo tus cielos, obra de tus dedos,
la luna y las estrellas que allí fijaste, me pregunto:
"¿Qué es el hombre para que en él pienses? ¿Qué es
el hijo del hombre para que lo tomes en cuenta?".

SALMOS 8:3-4

Todas las noches el cielo está repleto de estrellas que brillan radiantes incluso cuando no podemos verlas. Nuestro Dios puso a cada una de esas estrellas en el universo. Son demasiadas, tantas que no se pueden contar. Hay estrellas que aún no se descubrieron, algunas que brillan desde hace millones de años y otras que agotaron su luz hace mucho tiempo. Sin embargo, Dios las conoce a todas, porque Él las colocó allí. Es tan grande y poderoso que sostiene cada partecita del universo en sus manos.

Él nos eligió. Podría haberse quedado creando estrellas —creo que le hubiesen dado muchos menos problemas que nosotros. Sin embargo, Él creó todas las cosas y luego nos creó a nosotros, no porque tuviera que hacerlo, sino por amor.

RECORDATORIO

Así como Dios sostiene todas esas estrellas en el cielo nocturno, de la misma forma sostiene cada detalle de nuestra vida en sus manos.

ESCRIBE...

¿Qué piensas que Dios quiere para tu vida?

_____
_____
_____
_____
_____
_____
_____

DÍA 6 – ACTIVIDAD 1
PANEL DE OBJETIVOS

Realiza un panel de objetivos con tus metas, tus sueños y tus deseos para el futuro. Agrega tus versículos bíblicos favoritos que expresen lo que Dios dice que eres y cuélgalo en tu habitación para recordar todas las cosas que son importantes para ti.

Cómo hacer tu panel:

- Utiliza una pizarra, un tablero de corcho o una cartulina, depende de cuál sea tu estilo.
- Escribe lo que amas, lo que te hace feliz y cuáles son tus sueños para el futuro. Puedes usar marcadores, purpurina, pegatinas y recortes de revistas.
- Coloca fotos de tus momentos favoritos (cuando ganaste un partido de fútbol, diste un recital o conociste a tu autor favorito).
- Escribe versículos de la Biblia que te inspiren.
- Haz una lista de objetivos que quieras alcanzar en la próxima temporada deportiva, el próximo año escolar o al finalizar la primaria o la secundaria.

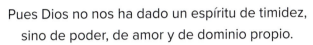

DÍA 7

Pues Dios no nos ha dado un espíritu de timidez,
sino de poder, de amor y de dominio propio.

2 TIMOTEO 1:7

¿Alguna vez te acostaste por la noche y tuviste miedo a la oscuridad? ¿Dejas que tu imaginación vuele hasta olvidarte de que, en realidad, Dios es más grande que todos tus miedos? ¿Te preocupa que te pase algo a ti, a un familiar o a un amigo? Dios no quiere que tengamos miedo, y por eso nos dio un espíritu de poder, de amor y dominio propio.

Cuando tenemos esos pensamientos locos y aterradores, podemos combatirlos con una mente sana y con el poder de Dios. Hay algunos versículos bíblicos grandiosos para memorizar que dicen que el miedo no tiene lugar en nuestra vida y no tiene poder sobre nosotros (ver Josué 1:9 o Salmos 23:4). Repítelos en tu cabeza en silencio para ayudarte a quitar todo miedo que sientas. Recuerda que Dios te ama y que nunca estás sola.

Podemos pasar toda la vida preocupándonos por lo que nos da miedo y perdernos de lo que Dios nos ha preparado por estar demasiado enfocadas en todo aquello que nos asusta o, por el contrario, podemos aprender a confiarle nuestros miedos a Él y pedirle que llene nuestra mente con la verdad de su amor y su protección.

RECORDATORIO

Cuando le confiamos a Dios nuestros miedos, Él nos ayuda a ser más valientes.

ESCRIBE...

Escribe las cinco cosas que más te asustan. Luego pídele a Dios que te ayude a vencer esos miedos.

_____

_____

_____

_____

_____

_____

_____

DÍA 8

> Tú creaste mis entrañas; me formaste en el vientre
> de mi madre. ¡Te alabo porque soy una creación
> admirable! ¡Tus obras son maravillosas
> y esto lo sé muy bien!
>
> SALMOS 139:13-14

¿Alguna vez has visto fotos de tu mamá o tu papá cuando eran pequeños y has notado lo mucho que te pareces a ellos? Es maravilloso cómo Dios nos forma de tal manera que somos únicos, pero aun así tenemos la sonrisa de mamá o los ojos de papá.

Esto me hace pensar en el salmo 139, donde David afirma que formidables y maravillosas son sus obras. Si observamos las palabras del hebreo original en que la Biblia se escribió, formidable significa "con interés sincero" y la palabra maravilloso significa "único y distinguido". Eso nos explica cuánto amor e intención le puso Dios al diseño de cada uno de nosotros. Somos sus obras maestras.

Además, si entendemos esto de verdad, podemos comprender un poco de lo mucho que nos ama y se preocupa por nosotros. Nadie está aquí por accidente. Nuestro creador nos formó con mucho amor. Él podría haber hecho cualquier cosa, pero eligió hacerte a ti, con todas tus singularidades, tus pecas y tu personalidad.

RECORDATORIO

Cuando atravesamos un momento difícil, a veces nos preguntamos si a Dios le importa. Por supuesto que sí.
Él es quien nos formó desde el principio y continúa sosteniendo cada parte de nuestra vida en sus manos.

ESCRIBE...

¿Cuáles son esas cosas que te hacen única?

_____

_____

_____

_____

_____

_____

DÍA 9

"Mi amor es todo lo que necesitas. Mi poder se muestra en la debilidad". Por eso, prefiero sentirme orgulloso de mi debilidad, para que el poder de Cristo se muestre en mí.

2 CORINTIOS 12:9 TLA

La Biblia nos recuerda una y otra vez que no necesitamos ser perfectos. Dios nos ama sin importar la cantidad de veces que fallemos o que seamos débiles. La verdad es que su gracia es más grande que todos nuestros errores.

Sin embargo, nosotros nos conocemos, sabemos lo que hemos hecho y si nos hemos equivocado. A veces nos sentimos tan decepcionados de nosotros mismos que suponemos que Dios también lo está. ¿Cómo es posible que nos mire con amor y tenga esperanza de que mañana hagamos las cosas mejor, y que, si esto no sucede, nos siga amando igual?

No tiene sentido.

Nosotros somos más duros con nosotros mismos. Nos vemos envueltos en un juego de comparaciones y sentimos que todos los demás son mejores que nosotros. Sin embargo, Dios nunca te miró y sacudió su cabeza diciendo: "Qué fracaso. Debí haberle pedido a alguien más que hiciera eso". Esa no es su forma de actuar.

No sé si alguien alguna vez pueda comprender por completo el amor de Dios. Es demasiado grande. Tal vez no estamos hechos para entenderlo, sino para sumergirnos en su gracia y su amor hacia nosotros.

RECORDATORIO

El amor de Dios por nosotros es más grande que cualquier error que hayamos cometido.

ESCRIBE...

¿De qué formas te demuestra Dios lo mucho que te ama?

_____

_____

_____

_____

_____

_____

_____

DÍA 10

> Ustedes quédense quietos, que el Señor presentará batalla por ustedes.
>
> ÉXODO 14:14

¿Alguna vez has visto a un pajarito luchando contra su propio reflejo en la ventana? Extienden sus plumas y picotean el vidrio porque creen que están peleándose contra otro pájaro, pero en realidad no hay nadie allí para pelear. Es una batalla que se inventaron en su propia cabeza.

Todos tenemos momentos de la vida en que nos sentimos amenazados y asustados. Tal vez alguien hirió a nuestra familia, tal vez alguien en quien confiábamos nos decepcionó o simplemente el mundo nos da miedo. Nuestro instinto en esos momentos es luchar. Luchamos por protegernos a nosotros y a quienes amamos. Por supuesto que no podemos meramente pararnos y dejar que sucedan cosas malas. Debemos dar pelea.

Sin embargo, a veces algunas luchas son tan tontas y sin sentido como las de ese pajarito que pelea contra su reflejo. Ni siquiera sabemos contra qué estamos peleando o quién es el verdadero enemigo, y por eso solo picoteamos y aleteamos exaltados sin lograr nada más que cansancio.

Además, tenemos un Dios que promete pelear por nosotros. Él ve el panorama completo mientras que nosotros solo vemos lo que *creemos* que es el problema. Lo mejor que podemos hacer es pedirle a Él que pelee nuestras batallas y aprender a confiar en que está obrando para nuestro bien. Él es quien nos defiende, nuestra torre fuerte y nuestro Dios poderoso.

RECORDATORIO

Dios pelea nuestras batallas. Solo tenemos que descansar en sus promesas y recordar que Él está de nuestro lado.

ESCRIBE...

¿Qué batallas sientes que estás peleando ahora mismo? ¿Cómo puedes estar en calma y confiarle esas batallas a Dios para que pelee por ti?

_____
_____
_____
_____
_____
_____
_____

DÍA 11

Por la fe el recién nacido Moisés fue escondido
por sus padres durante tres meses,
porque vieron que era un niño hermoso
y no tuvieron miedo del edicto del rey.

HEBREOS 11:23

Jocabed era la madre de Moisés. Ella lo dio a luz en una época en la que el faraón había ordenado que todos los niños hebreos menores de tres años fueran asesinados. Sin embargo, Jocabed vio algo en Moisés, su bebé, que la hizo saber que no era un niño común. En consecuencia y por fe, ella y su esposo escondieron a Moisés durante tres meses pese a las órdenes del faraón.

Finalmente llegó el día en que ella supo que no podían seguir escondiéndolo y tuvo que hacer algo aún más difícil: tenía que abandonar a su bebé y confiarle a Dios su futuro. Jocabed puso a Moisés en una cesta y lo dejó en el río Nilo. Ella se vio obligada a creer que Dios iba a cuidar a uno de los seres que más amaba en el mundo.

Moisés terminó criándose en la casa más poderosa de todo Egipto, lo que le preparó el camino para ser instrumento de Dios en la liberación de los hebreos de la esclavitud y el cautiverio. La fidelidad de Jocabed puso en marcha un plan que cambió la historia.

Todos hemos tenido que aceptar respuestas a nuestras oraciones que no resultaron de la forma deseada, pero la historia de Jocabed nos recuerda que Dios siempre está preparándonos cosas mejores de las que podríamos imaginar.

RECORDATORIO

Habrá momentos en que sentiremos que Dios nos pide abandonar algo que amamos, pero podemos confiar en que Él va a usarlo para bien y va a darnos a cambio algo mejor.

ESCRIBE...

¿Sientes que Dios te está pidiendo que le entregues algo ahora mismo?

_____

_____

_____

_____

_____

_____

_____

DÍA 12 – ACTIVIDAD 2
INSPIRACIÓN BÍBLICA

Aquí tienes algunos versículos geniales para comenzar:
Isaías 42:16   Salmos 118:24
Salmos 27:1   Romanos 8:28
Proverbios 3:5-6

1. Toma algunas tarjetas u otros papeles bonitos junto con tus marcadores o bolígrafos.

2. Escribe algunos de tus versículos favoritos de la Biblia que te alienten o te recuerden que debes tener una fe valiente.

3. Utiliza material gráfico y pegatinas para hacerlas bonitas y coloridas.

4. Pega estas tarjetas en un lugar que veas todos los días, puede ser en el baño donde te lavas los dientes, en tu habitación, incluso en tu casillero de la escuela o tu lonchera.

DÍA 13

Israel amaba a José más que a sus otros hijos porque lo había tenido en su vejez. Por eso mandó que le confeccionaran una túnica muy elegante. Viendo sus hermanos que su padre amaba más a José que a ellos, comenzaron a odiarlo y ni siquiera lo saludaban.

GÉNESIS 37:3-4

Cuando leemos la historia de José, aprendemos que su familia era complicada. Su padre, Jacob, le robó el derecho natural a su hermano con ayuda de su madre y luego tuvo que huir. Jacob trabajó para su tío, Labán, para poder casarse con Raquel, la mujer que amaba, pero lo engañaron para que se casara con su hermana, Leah. Raquel no pudo tener hijos durante mucho tiempo, pero Leah dio a luz a muchos hijos. Al final, cuando Raquel dio a luz a José, él se convirtió en el hijo favorito de Jacob. Jacob le hizo un abrigo de muchos colores, pero sus hermanos estaban celosos de él. Eso empeoró cuando José les contó que había tenido un sueño en el que todos se inclinaban ante él. Sus hermanos querían matarlo, pero en su lugar lo arrojaron a un pozo y lo vendieron como esclavo.

La historia de José termina haciéndonos entender que Dios utiliza todas las partes de su historia para un propósito mayor, incluso el odio de sus hermanos. Dios tomó todo ese daño y esos celos, y lo cambió para siempre.

Él puede hacer lo mismo por nosotros. Si confiamos en Dios

lo suficiente, podemos olvidar el daño que nos hayan hecho. También podemos pedirle que nos ayude a utilizar esos momentos difíciles para aprender algo importante.

RECORDATORIO

Hay momentos en que un amigo o un familiar va a herir tus sentimientos o no va a ser bueno contigo. Dios puede utilizar esas heridas para ayudarte a hacer una diferencia en tu vida o en la vida de alguien a quien amas.

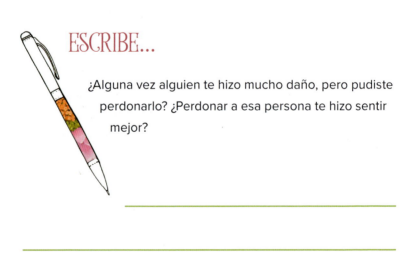

ESCRIBE...

¿Alguna vez alguien te hizo mucho daño, pero pudiste perdonarlo? ¿Perdonar a esa persona te hizo sentir mejor?

DÍA 14

> Por lo tanto, hermanos, tomando en cuenta la misericordia de Dios, ruego que cada uno de ustedes, en adoración espiritual, ofrezca su cuerpo como sacrificio vivo, santo y agradable a Dios. No se amolden al mundo actual, sino sean transformados mediante la renovación de su mente. Así podrán comprobar cómo es la voluntad de Dios: buena, agradable y perfecta.
>
> ROMANOS 12:1-2

Hay momentos en que la vida puede parecer aburrida. Todos los días parecen ser exactamente iguales. Miras alrededor y sientes que la vida de los demás es mucho más interesante.

Sin embargo, Dios te ha puesto en ese preciso lugar con un motivo y un propósito. Solo tú y tu personalidad única pueden afectar de forma especial, a tu manera, a las personas que te rodean todos los días. Dios toma todo lo que haces, las partes divertidas, las aburridas y las ordinarias de tu vida para convertirla en algo especial.

Nadie más puede vivir tu historia. Tu vida es una obra de arte y Dios es el artista que te utiliza a ti y a tus experiencias para pintar el mundo. Por lo tanto, abraza todo eso que es único en tu vida y descubre con exactitud qué es lo que te hace especial. No te esfuerces tanto por encajar, pues así como eres es como vas a cambiar el mundo.

RECORDATORIO

Estás hecha de forma única para vivir tu vida con un propósito.

ESCRIBE...

¿Qué cosas te diferencian de las personas que te rodean? ¿Cómo puedes utilizar esas cosas para hacer una diferencia en otras personas?

_____
_____
_____
_____
_____
_____
_____

DÍA 15

Panal de miel son las palabras amables:
endulzan la vida y dan salud al cuerpo.

PROVERBIOS 16:24

¿Alguna vez has degustado un panal? No solo la miel, sino el panal de miel. Es muy dulce y delicioso, pero lo mejor de todo es que la miel es buena para ti de verdad. Puede mejorar tus alergias y hasta ayudar a tu cuerpo a sanar cuando estás enfermo. Tal vez por eso este versículo compara nuestras palabras amables con un panal de miel. Las palabras que les decimos a los demás pueden ayudar a sanar sus heridas o pueden llegar en el momento preciso en que alguien necesita un poco de bondad. Nuestras palabras pueden ser vida para otra persona.

Solo porque una persona no te mire a los ojos y te diga: "Oye, ¿sabes qué? De veras necesito que me digas algo lindo en este momento", no significa que no necesite oír palabras positivas y cariñosas. A veces, lo mejor que podemos hacer es tomarnos el tiempo de decirle a alguien que es importante, que es valioso, y llenarlo con un poco de amabilidad.

RECORDATORIO

Dios nos utiliza para hacer la diferencia cuando mostramos su amor a nuestros amigos a través de nuestras palabras.

ESCRIBE...

¿Cuáles son esas palabras amables que te han dicho y que marcaron una diferencia? ¿Qué palabras amables puedes decirle a un amigo o familiar?

_____

_____

_____

_____

_____

_____

_____

DÍA 16

> Pero un samaritano que iba de viaje llegó a donde estaba el hombre y viéndolo, se compadeció de él. Se acercó, le curó las heridas con vino y aceite, y se las vendó. Luego lo montó sobre su propia cabalgadura, lo llevó a un alojamiento y lo cuidó.
>
> LUCAS 10:33-34

Cuando Jesús relata la historia del buen samaritano, habla de un hombre al que asaltaron, golpearon y dejaron moribundo. Un sacerdote y un levita, ambos considerados hombres santos en esa época, pasaron a su lado e ignoraron su dolor. Sin embargo, el samaritano, a quien se le consideraba un marginado social, se compadeció. El samaritano no solo cuidó al hombre en ese momento, sino que le dejó dinero al posadero y le pidió que lo cuidara hasta que estuviera bien. Jesús señala que el samaritano fue quien demostró ser su prójimo.

Todos podemos encontrar formas de ser buenos con nuestro prójimo en muchas áreas de nuestra vida, ya sea con cosas grandes o pequeñas. Puede ser con algo tan simple como recoger la correspondencia para un anciano que vive en nuestra calle o darle la bienvenida a alguien nuevo en nuestra escuela. También se puede hacer voluntariado en un comedor comunitario o ayudar en un viaje misionero en la iglesia. Tu prójimo no son solo los que viven a tu lado, ¡son todas las personas del mundo!

Dios nos ha puesto en lugares específicos de nuestro mundo en los que nos llama a ser sus manos y sus pies; amar a los heridos, cuidar a los enfermos y compartir las cargas cuando no podamos cargarlas por nuestra cuenta. ¿Dónde podemos ayudar? ¿Dónde podemos hacer la diferencia? ¿Dónde podemos ser buenas samaritanas?

RECORDATORIO

Dios nos utiliza para ayudar a quienes nos rodean.

ESCRIBE...

¿De qué forma puedes ayudar a alguien en necesidad? ¿Cómo puedes ser amable con alguien cercano a ti?

_____

_____

_____

DÍA 17

> Hagan brillar su luz delante de todos, para que ellos
> puedan ver las buenas obras de ustedes
> y alaben a su Padre que está en los cielos.
>
> MATEO 5:16

¿Alguna vez has intentado leer un libro y notaste que te costaba ver las palabras porque no había suficiente luz en la habitación? ¿Alguna vez has estado afuera de noche, en el medio de la nada, y has notado que la noche es más oscura cuando las luces de la ciudad no brillan en el cielo?

Es increíble la diferencia que puede hacer una pequeña luz. En la oscuridad, un lugar puede parecer aterrador y desconocido, pero una vez que enciendes un poco de luz, de pronto descubres que esas cosas aterradoras que creíste ver era solo una silla o un abrigo colgado detrás de la puerta del armario.

Lo mismo sucede con la luz de Jesús que brilla en nosotros. El mundo puede parecer muy grande y aterrador, tanto que comenzamos a sentir que todo lo que nos rodea es oscuro, porque nos olvidamos de la luz que vive dentro nuestro. Con el tiempo, es posible que nos acostumbremos a esa luz y la demos por sentado, pero tenemos el poder de hacer una gran diferencia en la vida de cada persona que conocemos si dejamos que nuestra luz brille. Cristo nos dio todo su poder para que brillemos con intensidad en este mundo, y es bueno recordar la gran diferencia que puede hacer la luz en un lugar oscuro.

RECORDATORIO

Podemos hacer que la luz de Jesús brille en nuestra vida a través de las palabras que decimos y la forma en que vivimos.

ESCRIBE...

¿Cómo puedes hacer que tu luz brille? ¿Hay alguna forma en que puedas ser luz para la vida de alguien?

_____

_____

_____

_____

_____

_____

_____

DÍA 18 – ACTIVIDAD 3
ACTO ESPONTÁNEO DE AMABILIDAD

Mira a tu alrededor y trata de ver si un acto amable puede hacer la diferencia. ¡Aquí tienes ideas!

1. Llévale galletas a un amigo.
2. Escribe una nota de ánimo a un familiar.
3. Ofrécete a pasear al perro de tus vecinos o a recibir su correspondencia cuando estén fuera de ciudad.
4. Lava los platos o haz alguna otra tarea del hogar sin que te lo pidan.
5. Ayuda a tu hermano o hermana menor con su tarea o con un quehacer del hogar.
6. Levanta la basura del parque o del área de juegos local.
7. Escríbele una nota a tu maestra o maestro favorito expresándole cuánto te incentiva.
8. Ordena tu armario y haz una selección de ropa o juguetes para donar.
9. Ofrécete para regresar el carrito de otra persona en el supermercado.
10. Compra útiles escolares de más y llévaselos a tu maestra para utilizar en clase.

DÍA 19

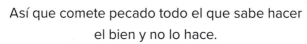

Así que comete pecado todo el que sabe hacer
el bien y no lo hace.

SANTIAGO 4:17

¿Alguna vez viste que alguien se haya hecho a un lado mientras sucedía algo terrible o que no haya hecho nada mientras molestaban, herían o maltrataban a otra persona?

Existen muchas oportunidades en las que podemos ponernos de pie y exhortar a quienes nos rodean a tratar a los demás con amabilidad. Edmund Burke, un filósofo y político del siglo XVIII, una vez expresó: "Todo lo necesario para que triunfe la maldad es que los buenos hombres no hagan nada". Cuando permanecemos en silencio, podemos creernos inocentes por no ser los que estamos haciendo un mal, pero muchas veces no hacer nada es igual que hacer algo malo. Hay momentos en los que debemos ser quienes den el paso al frente en una situación y hacer o decir lo correcto.

Nunca debemos desperdiciar las oportunidades de actuar con amabilidad, misericordia y compasión. Siempre debemos buscar la forma de compartir felicidad y amabilidad con el mundo que nos rodea. Dios te dará el valor que necesitas para ser una luz que brille con esperanza para los que estén a tu alrededor. Un poco de amabilidad puede llegar muy lejos y cambiar la vida de alguien. Nunca subestimes la forma en que Dios puede utilizar tu disposición a ponerte de pie y alzar tu voz.

RECORDATORIO

Necesitamos alzar la voz y hacer el bien en nuestra familia, nuestra escuela y con nuestros amigos. Necesitamos tratar a los demás con amabilidad, gentileza y respeto para alentar a otros a que hagan lo mismo.

ESCRIBE...

¿Alguna vez te levantaste por alguien a quien trataban de forma injusta? ¿De qué otras maneras puedes ayudar a quienes tienen necesidades?

_____

_____

_____

_____

_____

_____

_____

DÍA 20

Si hablo en lenguas humanas y angelicales, pero
no tengo amor, no soy más que un metal que
resuena o un platillo que hace ruido. Si tengo el
don de profecía y entiendo todos los misterios; si
poseo todo conocimiento, si tengo una fe que logra
trasladar montañas, pero me falta el amor, no soy
nada. Si reparto entre los pobres todo lo que poseo,
si entrego mi cuerpo para tener de qué presumir,
pero no tengo amor, nada gano con eso.

1 CORINTIOS 13:1-3

Difícilmente irás a un concierto donde el director de la orquesta tenga a la sección de percusión golpeando los platillos una y otra vez sin el acompañamiento de otros instrumentos. Eso solo sería ruido, sin ninguna melodía ni otra belleza que endulce el sonido. Todos tenemos personas en nuestra vida que nos resultan difíciles de amar, pero Dios nos dice que sin amor somos como esos platillos: solo hacemos ruido, nada que sea bello en verdad. Hay personas a nuestro alrededor que tal vez nunca conozcan el amor que Dios ofrece si no lo ven primero en nosotros. Vivimos en un mundo que está desesperado por algo o alguien que se vea o se oiga diferente a todo el resto del ruido y la mejor forma de hacer que lo vean es amando a quienes nos rodean.

Cuando comenzamos a entender lo mucho que Dios nos ama, tenemos la seguridad de saber que Dios tiene cosas buenas para nosotros. Esta seguridad en su amor será la clave para ayudar a las personas de tal manera que se marque una diferencia. Necesitamos amar a las personas que Dios pone en nuestro camino.

La forma de hacer una diferencia es amando a los demás y mostrándoles, por medio de nuestras acciones hacia ellos, un poco de lo mucho que Dios los ama. Esforcémonos para que el amor sea la voz y la acción más ruidosa de nuestra vida.

RECORDATORIO

Sin amor no tenemos nada. Necesitamos amar a las personas que Dios pone en nuestra vida.

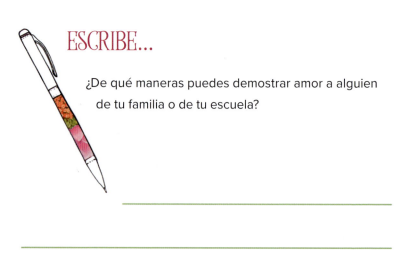

ESCRIBE...

¿De qué maneras puedes demostrar amor a alguien de tu familia o de tu escuela?

DÍA 21

> Porque yo conozco los planes que tengo para ustedes —afirma el Señor—, planes de bienestar y no de calamidad, a fin de darles un futuro y una esperanza. Entonces ustedes me invocarán, vendrán a suplicarme y yo los escucharé. Me buscarán y me encontrarán cuando me busquen de todo corazón.
>
> **JEREMÍAS 29:11-13**

Tu relación con Jesús es tan única y propia como tu personalidad. A veces pasamos mucho tiempo pensando en que deberíamos ser más como tal o cual persona y oír a Dios de cierta forma, pero Él nos hizo a todos únicos. Él te hizo para que seas tú misma. Si Dios quisiera un solo tipo de relación con un solo tipo de persona, probablemente hubiese sido más fácil para Él crear una sola persona y listo.

Sin embargo, Dios nos hizo para que todos hiciéramos cosas diferentes según los dones y talentos recibidos. Ninguna vida va a ser igual a la de alguien más, porque Él tiene un futuro y un deseo planeado específicamente PARA TI. A veces es difícil saber cómo es ese futuro o qué tiene en mente para nosotros, pero si leemos la Biblia y le pedimos que nos muestre qué desea de nosotros, no nos perderemos todas las cosas buenas que tiene preparadas para nuestra vida. Necesitamos buscarlo con todo nuestro corazón, orar y leer su Palabra para poder reconocer su voz y saber el camino que debemos tomar.

RECORDATORIO

Dios tiene un futuro planeado solo para ti y será más grande de lo que podrías llegar a hacer tú sola.

ESCRIBE...

¿Cuáles son tus deseos y sueños para tu vida? ¿De qué manera puedes utilizar eso para mostrarle a otros el amor de Dios?

_____

_____

_____

_____

_____

_____

_____

DÍA 22

Conduciré a los ciegos por caminos desconocidos, los guiaré por senderos inexplorados; ante ellos convertiré en luz las tinieblas, y allanaré los lugares escabrosos. Esto haré y no los abandonaré.

ISAÍAS 42:16

¿Alguna vez has participado en un juego, como "Ponle la cola al burro", en el que te vendan los ojos y tienes que encontrar el camino? ¿Alguna vez has acampado y has tenido que encontrar el camino en la oscuridad entre pastizales? Es difícil saber adónde deberíamos ir o ver la dirección correcta cuando todo está oscuro.

Hay momentos en que la vida se siente así. Tal vez cambian tus amistades, una maestra no te agrada o las cosas en tu casa están muy difíciles y sientes que tus padres no te entienden.

Dios sabe que tendremos momentos en que nuestro camino se sentirá oscuro y desconocido, pero Él quiere que sepas que nunca vas a caminar sola. Si confiamos en Dios en estos momentos de la vida que son difíciles y duros, Él hará que parezcan más fáciles. Cuando todo en tu mundo parezca oscuro, su amor por ti te alumbrará el camino. Dios nunca te dejará.

RECORDATORIO

Por momentos la vida puede ser difícil y nos sentimos rodeados de oscuridad, pero Dios siempre está con nosotros y siempre iluminará nuestro camino si lo buscamos.

ESCRIBE...

¿Estás atravesando momentos difíciles ahora mismo? ¿Cuáles son esas áreas de tu vida en las que necesitas pedirle a Dios que te muestre el camino?

_____

_____

_____

_____

_____

_____

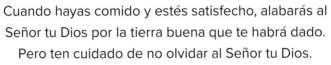

DÍA 23

Cuando hayas comido y estés satisfecho, alabarás al
Señor tu Dios por la tierra buena que te habrá dado.
Pero ten cuidado de no olvidar al Señor tu Dios.
No dejes de cumplir sus mandamientos,
leyes y estatutos que yo te encargo hoy.

DEUTERONOMIO 8:10-11

Dios nos conoce muy bien y sabe que muchas veces, cuando todo marcha bien, comenzamos a pasar menos tiempo con Él. Por eso, una de sus advertencias a los hijos de Israel fue que no se olvidaran de alabarlo al llegar a la Tierra Prometida.

Cuando oras, ¿te tomas el tiempo de agradecerle por todo lo que ha hecho por ti? De seguro no llamas o le envías un mensaje a una amiga todos los días con una lista de cosas que quieres sin decirle gracias. Cuando alguien hace algo bueno por ti, ¡es probable que le digas gracias al momento!

Recuerda ser igual de incondicional al agradecerle a Dios. Si te tomas el tiempo de recordar todas las formas en que Él ha sido bueno contigo, te ayudará a estar conforme, a encontrar la felicidad en la vida y a estar más consciente que nunca de las bendiciones que Dios te da.

RECORDATORIO

Recuerda tomarte el tiempo de agradecerle a Dios por todo lo que ha hecho en tu vida y alabarlo por las bendiciones que te da.

ESCRIBE...

¿Por qué cosas estás agradecida ahora mismo?

_____

_____

_____

_____

_____

_____

_____

DÍA 24 – ACTIVIDAD 4
UNA LUZ BRILLANTE

Haz un frasco brillante para recordar que debes encender tu luz.

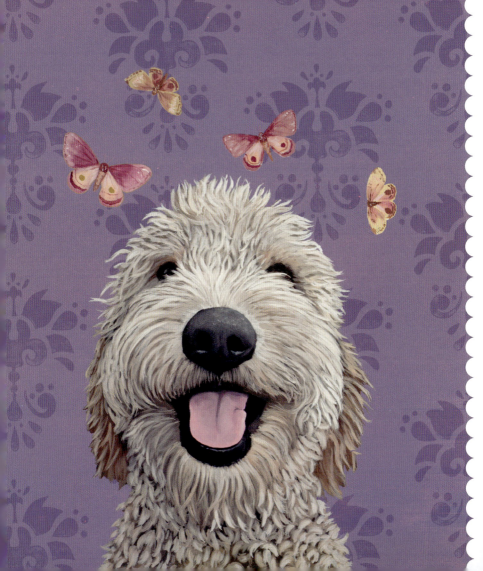

- Frasco
- Pintura que brilla en la oscuridad (utiliza varios colores si puedes)
- Pinceles
- Papeles diferentes
- Pegamento escolar (opcional)
- Brillantina (opcional)

Prepara tus elementos. Toma un trozo de cualquier papel y vierte un chorro de pintura en él.

Comienza a pintar tu frasco con la pintura que brilla en la oscuridad. Usa colores diferentes. Comienza por el fondo interior del frasco, dando pequeños toques con tu pincel. Si tienes varios pinceles, puedes alternarlos y usar colores diferentes para conseguir un efecto multicolor. Una vez que hayas terminado de pintar el interior de tu frasco, déjalo secar.

Para activar la pintura que brilla en la oscuridad, debes dejar que absorba rayos UV, y por eso, lo mejor es hacer este proyecto cuando tengas tiempo de dejarlo al sol por al menos una hora.

Esto es opcional, pero si quieres puedes cubrir la tapa del frasco con una capa fina de pegamento y rociarla con brillantina para darle un efecto radiante. Hazlo sobre un trozo de papel que puedas desechar. Sacude el exceso de brillantina y déjala secar.

¡Espera hasta que oscurezca o ve a un armario oscuro y observa cómo se enciende tu creación!

DÍA 25

El Señor dijo a Abram: "Deja tu tierra, tus parientes, la casa de tu padre y ve a la tierra que te mostraré" [...]. Abram partió, tal como el Señor se lo había ordenado, y Lot se fue con él. Abram tenía setenta y cinco años cuando salió de Jarán.

GÉNESIS 12:1,4

Abram no tenía idea de lo que Dios tenía en mente para él cuando le pidió que dejara su tierra para ir a la tierra de Canaán. Sin embargo, Abram empacó todo en sus camellos, cargó a su familia y emprendió el viaje hacia esa tierra desconocida.

¿Qué lo motivó a hacerlo? La fe en que Dios no iba a hacerle ningún mal ni guiarlo hacia un lugar sin provisiones para él y su familia, es decir, su fe en las promesas de Dios.

¿Y si Abram se hubiese quedado? No sabemos la respuesta. Solo sabemos que Dios no hubiese podido utilizarlo de la forma en que lo hizo. Dios tiene planes para todos nosotros, planes que conoce aun desde antes que comencemos a respirar, pero Él no nos obliga a hacer nada. Nosotros damos nuestros propios pasos, ya sea hacia su voluntad o lejos de ella.

No obstante, para dar esos pasos, muchas veces se necesita fe. Nuestro trabajo es dar pasos de fe, lejos de lo que conocemos, hacia lo que Dios está construyendo en nuestras vidas. Él nunca nos promete que será fácil, pero sí que con Él todo es posible.

RECORDATORIO

A menudo Dios nos llama a dar pasos de fe que pueden darnos miedo porque nos llevan hacia algo nuevo y diferente. Sin embargo, Él siempre va a traernos algo mejor que todo lo que dejemos atrás.

ESCRIBE...

¿Alguna vez sentiste que debías deshacerte de algo para que Dios pudiera renovar tu vida?

DÍA 26

> Una vez que David y Saúl terminaron de hablar, Jonatán entabló con David una amistad entrañable y llegó a quererlo como a sí mismo.
>
> 1 SAMUEL 18:1

Una de las mejores historias de amistad en la Biblia es la de David y Jonatán. David era un joven pastor de ovejas a quien Dios había elegido para ser el próximo rey de Israel, y Jonatán era el hijo del rey de ese entonces. En cierto modo, esta situación hacía que fueran incompatibles, pero la Biblia afirma que su amistad era entrañable, lo que significa que sus corazones y sus vidas estaban unidas. Ese es un vínculo potente. Dios los puso en la vida del otro porque sabía cuánto iban a necesitarse en los años venideros. Dios los unió para hacerlos más fuertes.

Así es como suelen formarse las amistades verdaderas. A veces Dios pone personas en nuestra vida en las que reconocemos algo de nosotros mismos. Tal vez nos reímos de las mismas cosas extrañas, nos gusta la misma música o tenemos otros amigos en común. Quizás, tan solo terminaron sentados juntos en la clase de matemáticas y, de pronto, se dieron cuenta de lo mucho que desean verse todos los días. Sin importar cómo comience la amistad, es algo valioso y necesario en nuestra vida, es abrirse a otra persona en la que puedes confiar por completo de todo corazón y juntas se hacen más fuertes de lo que eran.

Jonatán y David tenían ese tipo de amistad. Ellos se ayudaban a crecer y se trataban con lealtad, amabilidad y generosidad. Esa es una amistad verdadera, una relación entrañable con otra persona.

RECORDATORIO

Dios nos da amigos en la vida que van a hacernos crecer y a quienes podemos amar y motivar.

ESCRIBE...

¿Quiénes son tus mejores amigos ahora? ¿De qué forma te motivan o te hacen una mejor persona?

_____
_____
_____
_____
_____
_____
_____

DÍA 27

> Pidan y se les dará; busquen y encontrarán; llamen y se les abrirá. Porque todo el que pide, recibe; el que busca, encuentra y al que llama, se le abre.
>
> MATEO 7:7-8

¿Alguna vez has querido que algo suceda de cierta manera, o has orado por eso, y luego no resultó de la forma en que esperabas? Una de las cosas más difíciles de entender es que Dios no responda a nuestras oraciones como deseamos o creemos que debería hacerlo.

A veces, puede que nuestra desilusión por la forma en que Dios respondió en el pasado a una oración nos impida pedirle otras cosas. No obstante, Él nos dijo en concreto que lo busquemos y le pidamos cosas para nuestra vida. No aprendemos quién es Dios si nos limitamos a aceptar todo lo que se nos presenta; más bien lo hacemos cuando abrimos nuestro corazón a su voz y concientizamos que Él siempre planea lo mejor para nosotros. Dios quiere oírte. Él quiere oír tus deseos y tus sueños. Cada vez que te tomas el tiempo de hablar con Él, te estás dando a ti la oportunidad de conocerlo mejor.

Cuando consideras que Dios es más que sabio y te ama más de lo que puedes imaginar, el hecho de que él te convide a pedir lo que necesitas es una gran invitación, y serías muy tonto si la rechazaras. Confía en Dios y pídele lo que quieres para tu vida. Cree en su bondad aun cuando el resultado sea distinto al esperado.

RECORDATORIO

Dios nos invita a pedirle las cosas que queremos, necesitamos o deseamos que sucedan en nuestra vida.

ESCRIBE...

¿Por qué cosas estás orando ahora mismo? ¿Cómo has visto que Dios responde a esas oraciones? ¿Ha habido algún momento en el que la respuesta de Dios haya sido diferente a lo esperado? ¿Hoy puedes ver que fue por tu bien?

_____

_____

_____

_____

_____

_____

_____

DÍA 28

> David respondió: "A mí me toca cuidar el rebaño de mi padre. Cuando un león o un oso viene y se lleva una oveja del rebaño, yo lo persigo y lo golpeo hasta que suelta la presa. Y, si el animal me ataca, lo agarro por la melena y lo sigo golpeando hasta matarlo. Si este siervo suyo ha matado leones y osos, lo mismo puede hacer con ese filisteo incircunciso, porque está desafiando al ejército del Dios viviente. El Señor, que me libró de las garras del león y del oso, también me librará de la mano de ese filisteo".
>
> 1 SAMUEL 17:34-37

Antes de ser un rey, David fue un pastor de ovejas. Su trabajo era cuidar un rebaño y mantenerlo a salvo de cualquier cosa que pudiera hacerles daño. Dios tenía cosas mayores para David y lo hizo enfrentar a un gigante enorme llamado Goliat, a quien hasta los hombres más valientes del ejército de Israel temían enfrentar. Sin embargo, David corrió hacia Goliat confiando en que Dios le daría la fortaleza para ganar la batalla.

En el campo, arreando y cuidando a las ovejas, fue donde David aprendió a ser rey. Allí aprendió a ser responsable, proveedor y protector... y a lanzar piedras. Lo más importante es que se sentaba con Dios en esos lugares tranquilos y aprendía que Él siempre lo cuidaría.

A veces, en esos lugares tranquilos y pequeños es donde aprendes a oír la voz de Dios y a confiar en Él. A menudo esos son los momentos de la vida en los que Él te prepara para los desafíos más grandes que vienen por delante, para que puedas recordar que siempre te ha cuidado en el pasado.

RECORDATORIO

Dios utiliza lo que estás haciendo ahora mismo para preparar tu corazón y tu mente para el futuro. Él siempre va a ser fiel en ayudarnos a enfrentar nuestros desafíos.

ESCRIBE...

¿Cuál es el desafío que estás atravesando ahora mismo? ¿Puedes recordar algún momento del pasado en el que Dios te haya enseñado algo que te ayude en lo que estás enfrentando ahora?

_____

_____

_____

_____

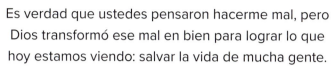

DÍA 29

Es verdad que ustedes pensaron hacerme mal, pero Dios transformó ese mal en bien para lograr lo que hoy estamos viendo: salvar la vida de mucha gente.

GÉNESIS 50:20

En la historia de José, rápidamente vemos que él era el favorito de su padre. Su padre le hizo una túnica de muchos colores para demostrar el amor que tenía por su hijo, pero sus hermanos se pusieron celosos de él. Luego, José tuvo sueños en los que sus hermanos se inclinaban ante él y eso los hizo odiarlo aún más, por eso lo arrojaron a un pozo y lo vendieron como esclavo. Sin embargo, Dios siempre estaba con José y, aunque le tomó veinte años, llegó a ser la segunda persona más importante en todo Egipto y terminó salvando a los mismos hermanos que lo habían traicionado.

De seguro esa no era la vida que José había planeado, pero tu vida no siempre resulta de la forma que planeas. A veces, la fidelidad a Dios y su palabra nos pone en un camino donde nuestra situación es peor, no mejor. Esos son los momentos en que conocer Dios y su promesa de ser bueno y fiel es más importantes que nunca. La fe en Dios es lo que nos ayuda a atravesar momentos difíciles cuando las cosas no resultan como deseamos o planeamos.

Sin embargo, al final de la historia de José aprendemos que Dios utiliza todo para un buen propósito. Si no fuese por todas las cosas que José vivió, nunca hubiese podido salvar al pueblo de Israel. Dios hace lo mismo en nuestra vida.

Él utiliza todo lo que hemos vivido con el fin de prepararnos para el futuro que nos tiene dispuesto. Muchas veces, eso que en el momento no tiene sentido es lo mismo que nos ayuda a ser quienes Dios quiere que seamos.

RECORDATORIO

Dios utiliza los momentos difíciles de nuestra vida para ayudarnos a ser aquellos que Él creó.

ESCRIBE...

Piensa en un momento en el que hayas vivido algo difícil. ¿Hoy puedes ver que Dios lo utilizó para algo bueno?

_____

_____

_____

_____

DÍA 30 – ACTIVIDAD 5
UN *PLAYLIST* DE CANCIONES DE ADORACIÓN

En momentos difíciles o cuando la vida no tiene sentido, escuchar canciones de adoración puede ayudarte a pensar en la palabra de Dios y recordarte su amor y fidelidad. Puedes compartir tu lista con amigos.

Aquí te dejo diez sugerencias para buscar canciones que puedas agregar en tu lista:

1. Una canción que hable de la grandeza de Dios.
2. Una canción escrita e interpretada por una artista adolescente.
3. Una canción que hable de la fidelidad de Dios.
4. Una canción que hable de cuánto nos ama Dios.
5. Una canción que hable de que Dios responde oraciones.
6. Una canción que hable de la gracia de Dios.
7. Una canción instrumental para que puedas enfocarte solo en lo que Dios te dice.
8. Una canción que hable de la santidad de Dios.
9. Una canción que describa cómo sientes a Dios en tu vida.
10. Una canción que puedas utilizar para animar a otros.

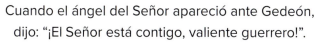

DÍA 31

Cuando el ángel del Señor apareció ante Gedeón, dijo: "¡El Señor está contigo, valiente guerrero!".

JUECES 6:12

En el libro de Jueces, los madianitas han invadido Israel. Un hombre llamado Gedeón está limpiando trigo en un lagar. Por lo general, el trigo se limpia al aire libre, pero Gedeón teme a los madianitas y por eso se esconde allí.

En este escondite, se le aparece un ángel que le dice: "El Señor está contigo, valiente guerrero". ¿Valiente guerrero? Gedeón se está escondiendo, está limpiando el trigo con miedo y, sin embargo, el ángel lo llama valiente guerrero.

El ángel ha venido a decirle que Dios va a usarlo para liberar a los israelitas de los madianitas. Al principio, Gedeón no lo cree, pero al final, termina siendo tal como lo llamó el ángel: un valiente guerrero. Él derrota a los madianitas con solo trescientos hombres. ¿Ves la obra de Dios allí? Él llamó a Gedeón para algo que nunca hubiese imaginado por sí mismo. Así es como actúa Dios: puede convertir a alguien miedoso en un guerrero valiente que se levanta por lo que es correcto.

Dios ve lo que tú no puedes ver. Él ve tus dones y tus talentos cuando sientes que no tienes nada. Tú ves todos tus miedos y debilidades, pero Él te ve, y ve alguien a quien puede utilizar para sus planes y propósitos. Él te mira y ve a una guerrera valiente.

RECORDATORIO

Dios ve mucho más en ti de lo que tú puedes ver.

ESCRIBE...

¿De qué manera puede usarte Dios para hacer una diferencia en la vida de quienes te rodean? ¿Qué impide que Él te use para eso?

_____

_____

_____

_____

_____

_____

_____

DÍA 32

> Ustedes son la luz del mundo. Una ciudad en lo alto de una montaña no puede esconderse.
>
> MATEO 5:14

Cuando Jesús dijo esto a sus discípulos, comparó su vida con una ciudad construida en una colina. En esos días, una ciudad iluminada en la colina era un paisaje que le daba la bienvenida a los viajeros cargados, una señal de que estaban cerca de un lugar en el que podrían encontrar una cama acogedora y una buena comida.

Vivimos en un mundo donde el hostigamiento ha estado presente desde el principio de los tiempos, y nunca ha sido tan fácil como ahora, que la gente pueda esconderse detrás de un teclado y decir cosas que no se atreverían a decirte a la cara. Las palabras de Jesús te recuerdan que debes ser una ciudad en una colina, y tratar a los demás con gentileza y respeto, aun cuando sean diferentes a ti o no piensen igual. Vives en un mundo en el que la oscuridad está por todos lados y las personas están desesperadas buscando luz y seguridad.

Cuando entiendes que Dios te ha puesto en este tiempo y en esta generación por una razón única y específica, entiendes que no fuiste creada para buscar poder o sentirte mejor haciendo sentir al otro pequeño e insignificante, sino que fuiste creada para ser luz.

Ser una ciudad en la montaña es eso. Tienes el llamado a ser un lugar de esperanza, seguridad y consuelo, para que quienes te rodean puedan ir y encontrar descanso, amor y luz en medio de un mundo oscuro.

RECORDATORIO

Eres llamada a ser un lugar seguro para que otros encuentren descanso y esperanza en este mundo.

ESCRIBE...

¿De qué formas puedes ser luz en tu clase o para tus amigos? ¿Cómo puedes motivar a tus amigos para hacerlos sentir amados y valorados?

_____

_____

_____

_____

_____

_____

_____

DÍA 33

> Su señor respondió: "¡Hiciste bien, siervo bueno y fiel! En lo poco has sido fiel; te pondré a cargo de mucho más. ¡Ven a compartir la felicidad de tu señor!".
>
> MATEO 25:21

En la parábola del señor y las monedas de oro, vemos tres situaciones distintas. El señor le da a un hombre cinco mil monedas de oro y regresa con la noticia de que ha ganado cinco mil más. Al otro hombre le da dos mil monedas de oro y regresa con dos mil monedas más. El último hombre confiesa que tenía miedo, así que solo enterró el oro.

Algunas cosas te han sido dadas en la vida, como el talento, el tiempo, el dinero y las habilidades, entre otras. Dios te ha dotado, pero la decisión de cómo utilizar esos dones depende de ti. ¿Vas a aprovechar la oportunidad y saltar hacia lo que Él te llamó a ser, hacer y defender? ¿O vas a dejar que el miedo se apodere de ti y enterrarás lo recibido?

Dios es como ese señor, y está esperando para ver si vas a ser fiel en utilizar lo que te dio para darle la gloria a Él.

No subestimes el impacto que puedes tener en la vida de quienes te rodean cuando utilizas tus dones. Dios te creó específicamente para este tiempo y esta generación. Haz todo lo posible por no enterrar lo que Él te ha dado.

RECORDATORIO

Dios te ha dado muchos dones y talentos. Puedes utilizarlos con sabiduría o esconderlos, depende de ti.

ESCRIBE...

¿De qué formas puedes hacer brillar tus dones y utilizar lo que Dios te dio para marcar una diferencia? ¿Alguna vez escondiste algo y luego te diste cuenta de que era un error?

_____

_____

_____

_____

_____

_____

_____

DÍA 34

Él, en cambio, conoce mis caminos;
si me pusiera a prueba, saldría yo puro como el oro.
En sus sendas he afirmado mis pies;
he seguido su camino sin desviarme.

JOB 23:10-11

Hace varios años, Texas estaba en medio de la peor sequía de su historia y hubo incendios enormes que se propagaron por una pequeña ciudad llamada Bastrop. Un año después, junto a las secuelas del incendio, también se veían nuevos brotes a lo largo del camino.

A menudo, así es como Dios obra en tu vida. A veces dejas que todo te afecte sin siquiera darte cuenta. Quizás tienes amistades o hábitos poco saludables y tienes que quemar un poco de esas cosas viejas y muertas en tu vida para sentirte saludable otra vez. Los brotes nuevos y saludables muchas veces muestran algo mejor después de haber atravesado un tiempo en el que tuviste que dejar cosas que no eran buenas para ti. Después del fuego aparecen las cosas más hermosas. Allí es cuando Dios puede renovar tu vida, pues la basura vieja ya no está en el camino.

Al igual que sucede con el oro, Dios utiliza los incendios en tu vida para formarte y extraer de ti todo lo tiene que brillar, y así se vea la belleza que solo Él puede dar.

RECORDATORIO

A veces hay viejos hábitos o cosas en tu vida que te impiden crecer y convertirte en quien Dios quiere que seas.

ESCRIBE...

¿Tienes algún hábito o patrón de comportamiento que impida que Dios se mueva en tu vida? ¿Qué decisiones puedes tomar para deshacerte de algunas de esas cosas?

_____
_____
_____
_____
_____
_____
_____

DÍA 35

Cuando llegaron, Samuel se fijó en Eliab y pensó: "Sin duda que este es el ungido del Señor". Pero el Señor dijo a Samuel: "No te dejes impresionar por su apariencia ni por su estatura, pues yo lo he rechazado. La gente se fija en las apariencias, pero yo me fijo en el corazón".

1 SAMUEL 16:6-7

Cuando Samuel fue a buscar al próximo rey, le preguntó a Isaí si esos eran todos sus hijos y él respondió que su hijo menor, David, no se encontraba allí porque estaba cuidando a las ovejas. Fueron a buscarlo y, cuando Samuel lo vio, supo que David era el rey elegido por Dios, así que lo ungió en ese mismo momento y lugar.

La cuestión es que Isaí estaba tan seguro de que Samuel no estaría interesado en David que ni siquiera lo llamó a venir desde el campo. Sin embargo, Dios vio el corazón de David y supo que estaba dispuesto para la tarea, aunque su propia familia, no.

¿Alguna vez te has sentido así? ¿Ignorada? ¿Olvidada? ¿Cómo si te hubiesen dejado en el campo porque nadie pensó que eras digna de ser llamada?

La unción de David es un recordatorio para que no dejes que otros determinen lo que Dios quiere hacer a través de ti. No dejes que los demás, ni siquiera tu familia, te hagan sentir que no lo mereces. Por supuesto que Dios te está llamando a algo. Él tiene un plan y un propósito para ti.

RECORDATORIO

Dios te ve aun cuando sientes que el resto del mundo te ignora.

ESCRIBE...

¿Sientes que Dios tiene un propósito y un plan para ti? ¿En qué formas sientes que Él te ha hecho especial?

_____
_____
_____
_____
_____
_____
_____

DÍA 36 – ACTIVIDAD 6
CÁPSULA DEL TIEMPO

Una cápsula del tiempo puede ser una gran forma de recordar el pasado. Podrás abrirla en diez años y ver todas las formas en que Dios respondió a tus oraciones para convertirte en la persona que Él quiere que seas.

1. Consigue un recipiente. Puede ser un frasco de café vacío o una caja de zapatos. Puedes decorarlo si quieres.

2. Llénalo con cosas o recuerdos que son importantes para ti, tal vez una fotografía favorita o un juguete pequeño.

3. Escribe una carta para ti misma en el futuro que exprese quién eres ahora y qué es importante para ti. ¿De qué te gustaría trabajar cuando seas adulta?

4. Haz una lista con algunas de tus cosas favoritas: el maestro o la maestra a quien prefieres, tu materia favorita de la escuela, tus mejores amigas y amigos o tus canciones predilectas.

5. Pídele a tu mamá o a tu papá que te escriban una carta para poner en la cápsula del tiempo.

6. Escribe una descripción de cómo es tu vida ahora. ¿Cómo es un día normal? ¿Qué actividades disfrutas más? ¿Por qué cosas estás orando?

7. Describe tendencias o prendas que sean populares ahora.

8. Imprime algunas noticias o recorta artículos de revistas que hablen de cosas que suceden en el mundo actual.

9. Haz una lista de las diez palabras que mejor te describen a ti, a tus deseos y a tus sueños.

10. Pon la cápsula del tiempo en un lugar seguro. Puedes guardarla en una caja en el ático o la parte superior del armario para asegurarte de no perderla.

DÍA 37

> Dichoso es quien no sigue el consejo de los malvados, ni se detiene en la senda de los pecadores, ni se sienta en la reunión de los burladores, sino que en la Ley del Señor se deleita y día y noche medita en ella. Es como el árbol plantado a la orilla de un río que, cuando llega su tiempo, da fruto y sus hojas jamás se marchitan. Todo cuanto hace prospera.
>
> SALMOS 1:1-3

Salmos 1:3 afirma que una persona que pasa tiempo en la Palabra de Dios es como un árbol plantado a la orilla de un río. Un árbol que está cerca del agua tiene todo lo que necesita para crecer fuerte y dar fruto. En tu vida ese fruto sería enfrentar tus miedos, ser amable con los demás, no ser egoísta y encontrar alegría en la vida.

¿Alguna vez has visto un árbol grande en medio de una tormenta? A veces se curva o hasta algunas ramas se caen, pero su raíz permanece firme. Un árbol bueno y saludable tiene raíces muy profundas en la tierra y estas lo sostienen incluso en los tiempos más difíciles.

Cuando pasas tiempo leyendo la Palabra de Dios y le entregas tus preocupaciones y tus miedos, Él te da la fortaleza de saber que, aun cuando enfrentes momentos difíciles o aterradores, eres como ese árbol al que se le han dado todos los nutrientes y la fortaleza necesarios para atravesar cualquier tormenta, y eso te lleva a saber que estás en el lugar preciso que Dios quiere que estés y haciendo lo que Él te llamó a hacer.

RECORDATORIO

Cuando pasas tiempo en la Palabra de Dios, te vuelves más fuerte y vives una vida mejor y más rica, porque andas por el camino correcto.

ESCRIBE...

¿En qué áreas de tu vida ves frutos tras pasar tiempo con Dios? ¿Cómo te ayuda eso a tomar mejores decisiones o ser una mejor amiga para quienes te rodean?

_____

_____

_____

_____

_____

_____

_____

DÍA 38

Luego Saúl vistió a David con su uniforme de campaña. Le entregó también un casco de bronce y le puso una coraza. David se ciñó la espada sobre la armadura e intentó caminar, pero no pudo porque no estaba acostumbrado. "No puedo andar con todo esto —le dijo a Saúl—; no estoy entrenado para ello". De modo que se quitó todo aquello, tomó su bastón, fue al río a escoger cinco piedras lisas, y las metió en su bolsa de pastor. Luego, honda en mano, se acercó al filisteo.

1 SAMUEL 17:38-40

De seguro has oído la historia de David y Goliat al menos unas cuantas veces. Es un clásico literario, porque es, sin duda, todo lo que amamos en una historia: un pastor pequeño que solo llevaba el almuerzo, un gigante horrible que atormentaba a un ejército, un poco de fanfarroneo y, finalmente, el triunfo del bien sobre el mal.

Saúl intenta preparar a David para su batalla con Goliat dándole su propia armadura, que no era cualquier armadura. Saúl era el rey, por lo tanto, estaba toda hecha de los mejores materiales. Sin embargo, David pronto se dio cuenta de que eso no iba a funcionar con él. Así que tomó su cayado y cinco piedras lisas, se acercó a Goliat y, bueno, ya conoces el resto de la historia.

Es un recordatorio de que a veces, cuando nos enfrentamos a desafíos grandes en la vida, esperamos que Dios nos dé formas grandes y elegantes para combatirlos. Los problemas grandes requieren soluciones elaboradas, ¿verdad? En realidad, no. A veces es tan simple como recordar que el Dios de los ejércitos de Israel pelea por ti y nunca depende de tu capacidad para luchar contra un gigante. Todo lo que necesitas es recordar que nunca estás sola en la batalla.

RECORDATORIO

Cuando enfrentamos batallas, Dios ya nos ha dado todo lo que necesitamos porque va adelante para pelear por nosotros.

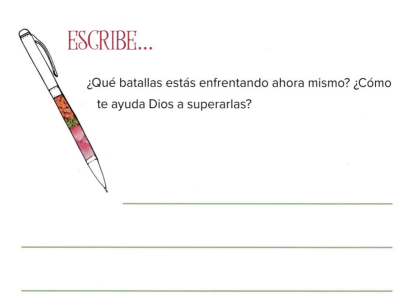

ESCRIBE...

¿Qué batallas estás enfrentando ahora mismo? ¿Cómo te ayuda Dios a superarlas?

_____

_____

_____

_____

DÍA 39

> Porque ustedes antes eran oscuridad y ahora son luz en el Señor. Vivan como hijos de luz (el fruto de la luz consiste en toda bondad, justicia y verdad).
>
> EFESIOS 5:8-9

Hace un par de años, el equipo de fútbol de la Universidad de Clemson ganó el Campeonato Nacional y su entrenador, Dabo Swinney, luego del partido, declaró a los reporteros que él solo había alentado a sus jugadores a "dejar que la luz dentro de ellos brillara más fuerte que la de los oponentes". Es un gran recordatorio de que la luz de Cristo que está en ti es la que hace la diferencia en el mundo, nunca es la atención que pones en ti misma.

Dejar que la luz de Cristo brille en ti te ayuda a enfocarte en los demás y prestar menos atención a tu ombligo. Comienzas a pensar en cosas como: ¿dónde puedo ayudar?, ¿cómo puedo motivar a alguien? o ¿a quién puedo acercarme con palabras amables?, porque recuerdas cómo se siente caminar en oscuridad, con miedo y en soledad. Tú conoces ese sentimiento de escuchar una voz que te dice que no eres lo suficientemente buena, que no eres tan valiosa o que tu vida no tiene importancia.

No obstante, allí es cuando entra Jesús, la luz de tu vida. Él hace brillar su luz en y sobre nosotros. Depende de ti ser la luz que ilumina tu pequeño rincón del mundo.

RECORDATORIO

Deja que la luz de Jesús brille en tu vida con intensidad para que puedas impactar a quienes te rodean y marcar una diferencia en tu familia y tus amigos.

ESCRIBE...

¿Cómo puedes hacer brillar tu luz? ¿Hay alguien que esté pasando un momento difícil al que puedas acercarte con palabras amables?

DÍA 40

Yo soy la vid y ustedes son las ramas. El que permanece en mí, como yo en él, dará mucho fruto; separados de mí no pueden ustedes hacer nada.

JUAN 15:5

¿Alguna vez has visto un naranjero durante el proceso en el que crecen las naranjas? Comienza con flores pequeñas que aparecen por todo el árbol y luego las flores, a su tiempo, ceden ante el surgimiento del fruto. Las naranjas comienzan siendo bolas verdes pequeñas que siguen creciendo más y más hasta que parecen limas. Luego, su color empieza a cambiar de un verde intenso a un amarillo claro, hasta que, por fin, son naranja.

Sin embargo, hay algo interesante al observar a un árbol en todos los ciclos de producción de sus frutos: no se agobia por el proceso. Sus raíces son profundas y sus ramas están conectadas con el tronco, eso es todo lo que necesita para florecer y crecer.

Es fácil sentir estrés por la vida y por si produces fruto o no. ¿Estás tomando una buena decisión? ¿Eres paciente? ¿Necesitas mejorar como amiga? Te pareces mucho a un naranjero. Cuando estás conectada con la fuente de todo lo que necesitas, no puedes hacer otra cosa más que dar fruto. A veces, al igual que en un árbol pequeño, es difícil ver el fruto o la plenitud de lo que vas a lograr, hasta que, de pronto, puedes ver con claridad quién estabas destinada a ser desde un principio. Solo hacía falta mantenerse arraigada al árbol para lograrlo.

RECORDATORIO

Cuando permaneces en Cristo, tu vida muestra frutos del Espíritu como amor, humildad, dominio propio y paciencia.

ESCRIBE...

¿Cómo te mantienes conectada con Dios para que te ayude a producir frutos en tu vida? ¿De qué maneras te aseguras de permanecer en su palabra?

_____

_____

_____

_____

_____

_____

_____

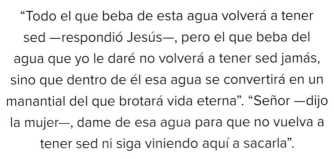

DÍA 41

"Todo el que beba de esta agua volverá a tener sed —respondió Jesús—, pero el que beba del agua que yo le daré no volverá a tener sed jamás, sino que dentro de él esa agua se convertirá en un manantial del que brotará vida eterna". "Señor —dijo la mujer—, dame de esa agua para que no vuelva a tener sed ni siga viniendo aquí a sacarla".

JUAN 4:13-15

Jesús había viajado toda la mañana hasta que, cerca del mediodía, llegó a un pozo. Hacía calor y había mucho polvo, necesitaba algo de beber y allí es cuando se topó con una mujer. Jesús sabía esto: ella estaba en el pozo en el momento del día incorrecto. Las mujeres solían juntar agua por la mañana, sin embargo, ella escogió ir en ese momento porque pensó que no iba a haber nadie; pero ese día, Jesús estaba allí.

Tal vez pienses que la vida te ha llevado a cierto lugar porque solo estás buscando agua, pero Jesús te encuentra allí porque sabe que estás buscando seguridad y amor, al igual que la mujer en el pozo. Jesús aparece en tu vida, sea cual sea tu pozo, y te ofrece agua viva, que es su amor por ti. Él te ofrece todo lo que necesitas, incluso aunque a veces sigas buscando todas esas otras cosas para llenarte. Él te mira con amor y te pregunta: "¿Estás lista para algo real que te hará sentir completa?".

¿Cuáles son los pozos de tu vida en los que estás buscando algo que crees que te hará sentir completa? Jesús nos encuentra allí para darnos todo lo que hemos estado buscando y mucho más. Confía en Él.

RECORDATORIO

Jesús te encuentra en el lugar exacto donde lo necesitas y te ofrece su amor, que es lo único que va a llenarte y hacerte sentir completa.

ESCRIBE...

¿Qué cosas intentas utilizar en tu vida para sentirte completa o importante? ¿Qué áreas le confías a Jesús para que te llene de amor y seguridad eterna?

_____
_____
_____
_____
_____
_____
_____

DÍA 42 – ACTIVIDAD 7
HAZ UN COMEDERO DE PÁJAROS

Esta es una gran forma de disfrutar de la creación de Dios y recordarte que Él cuida hasta a las criaturas más pequeñas. Mira todos los colores y patrones que Dios les dio a los diferentes pájaros y piensa que Él te ha creado de una forma única y se preocupa hasta por los mínimos detalles.

MATERIALES

- 1 naranja
- 4 trozos de hilo o cuerda de 24" (60 cm)
- Alpiste

1. Con un cuchillo afilado, corta la naranja al medio y vacía su interior.

2. Haz cuatro agujeros pequeños de lados opuestos, a ½" (1,5 cm) del borde superior de cada mitad de la naranja.

3. Enhebra un trozo de hilo o cuerda por un agujero y sácalo por el del lado opuesto. Repítelo con el segundo trozo de hilo en los agujeros restantes (va a formar una X).

4. Toma los extremos y haz un nudo. Haz lo mismo con la otra mitad.

5. Llénalas con alpiste y cuélgalas afuera en alguna rama fuerte.

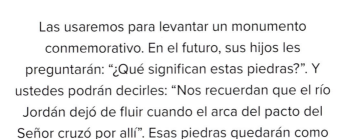

DÍA 43

Las usaremos para levantar un monumento conmemorativo. En el futuro, sus hijos les preguntarán: "¿Qué significan estas piedras?". Y ustedes podrán decirles: "Nos recuerdan que el río Jordán dejó de fluir cuando el arca del pacto del Señor cruzó por allí". Esas piedras quedarán como un recordatorio en el pueblo de Israel para siempre.

JOSUÉ 4:6-7 NTV

En Josué 3, los israelitas se estaban preparando para cruzar el río Jordán. Cuando los sacerdotes pisaron sobre la orilla del río con el arca del pacto, el agua dejó de fluir y los sacerdotes pisaron sobre tierra seca en medio del Jordán, hasta que toda la nación de Israel estuvo a salvo. Cuando llegaron al otro lado, Josué explicó que Dios le había dicho que necesitaban poner unas piedras para recordar lo que Él había hecho por ellos como señal de su fidelidad.

Es importante que tengas tus propias piedras para recordar los momentos de tu vida en que Dios demostró fidelidad. A veces, los pequeños detalles de tu vida no parecen ser gran cosa hasta que retrocedes para ver el panorama completo y ves todas las formas en que Dios te ha ayudado en la dificultad. Esto te ayuda a recordar que Él siempre es fiel a su palabra y hace todo hermoso a su tiempo. Siempre hay una respuesta cuando lo llamas.

Estas son historias que puedes contar cuando la gente te pregunta por qué crees en Dios o por qué confías en un Dios que no puedes ver.

RECORDATORIO

Es bueno tener cosas que te recuerden esos momentos de tu vida en que Dios te cuidó o te dio la solución a un problema que estabas enfrentando.

ESCRIBE...

Tómate unos momentos para escribir cuáles son las piedras propias que te ayudan a recordar situaciones en las que Dios fue fiel y te cuidó.

_____

_____

_____

_____

_____

_____

DÍA 44

¿Acaso con todas sus preocupaciones pueden añadir un solo momento a su vida?

MATEO 6:27 NTV

Todos tenemos momentos de preocupación en la vida. El problema es que, por lo general, preocuparse es pasar mucho tiempo ansioso por algo que tal vez nunca suceda.

El hecho de poder planificar todo en tu vida te da un sentimiento de control, pero no es así como funciona la vida en realidad. Es fácil preocuparte por tus calificaciones, tus amigos o lo que harás en el futuro, pero muchas de las cosas por las que te preocupas en realidad nunca suceden.

Y, aun si lo hicieran, casi nunca serían tan malas como las imaginas. Nunca puedes dar cuenta de la forma en que Dios te cuidará si te encuentras en medio de la peor situación que podrías haber imaginado.

La vida puede ser dura, aterradora y difícil, pero preocuparnos no ayuda. Cuando mantienes la vista en Jesús, Él puede ayudarte a mantener tu preocupación bajo control. Debes saber que Dios te tiene en la palma de su mano y confiar en Él es lo único que va a darte paz verdadera.

RECORDATORIO

Preocuparse por todo en lugar de confiarle a Dios todas tus cosas no es la mejor forma de enfrentar la vida.

ESCRIBE...

¿Qué cosas te preocupan ahora mismo? Haz una lista de tus preocupaciones y pídele a Dios que te ayude a confiar en Él y tener paz en cada situación y su resultado.

DÍA 45

El corazón tranquilo da vida al cuerpo, pero la envidia carcome los huesos.

PROVERBIOS 14:30

Nuestra naturaleza humana hace que estemos mucho tiempo mirando lo que los demás tienen o hacen. Las redes sociales han empeorado esto, porque ahora tienes acceso constante a lo grandiosa que se ve la vida de los demás comparada con la tuya. Es muy fácil que la envidia y los celos entren a hurtadillas y hagan que pierdas la paz en tu vida al enfocarte en lo que no tienes y no en lo que te ha sido dado.

Cuando comienzas a sentir que afloran los celos, es bueno tomarte un tiempo para pensar en todo lo que tienes en tu vida para sentirte agradecida. Piensa en tus amigos, tu familia, tus profesores o los talentos que Dios te dio. Nuestra vida no tiene que parecerse a la de nadie, porque fuimos creados para ser únicos.

Cuando dejas de enfocarte en envidiar a otros y comienzas a ver lo que Dios tiene para ti y los dones especiales que ha puesto en tu vida, puedes experimentar la verdadera paz, satisfacción y alegría que no dependen de las cosas externas.

RECORDATORIO

Los celos nunca sirven para algo positivo en tu vida y pueden hacerte olvidar las cosas buenas que Dios te ha dado.

ESCRIBE...

¿Cuándo fue la última vez que sentiste celos de alguien? ¿Qué cosa de su vida te hizo sentir así? ¿Cómo puedes pedirle a Dios que te ayude a enfocarte en lo que tienes en lugar de lo que no tienes?

_____

_____

_____

_____

_____

_____

_____

DÍA 46

En cierta ocasión, los filisteos formaron sus tropas en un campo sembrado de lentejas. El ejército de Israel huyó ante ellos, pero Sama se plantó en medio del campo y lo defendió, derrotando a los filisteos. El Señor les dio una gran victoria.

2 SAMUEL 23:11-12

Cuando los filisteos atacaron, el ejército israelita huyó, pero Sama decidió quedarse allí en ese campo y defenderlo. Sama no desistió ni se echó atrás. Él sabía que era una batalla que valía la pena luchar.

Hay momentos en la vida en los que tienes que tomar la decisión de plantarte y pelear en vez de echarte atrás. Hay campos propios que vas a tener que proteger. Dios tiene un propósito para todas las áreas de tu vida, por lo tanto, el mayor engaño del enemigo es convencerte de que no vale la pena pelear por algo.

Aquí viene la parte más alentadora. Sama se plantó en ese campo de lentejas, pero las Escrituras afirman que fue el Señor el que le dio la victoria. La fe de Sama no estaba puesta en su propia habilidad para luchar, sino en que Dios estaba con él y pelearía por él. La próxima vez que enfrentes una batalla en la que sepas que debes mantenerte firme, recuerda que Dios va delante de ti y pelea por ti.

RECORDATORIO

Habrá momentos en tu vida en los que Dios te pedirá que te plantes y luches por lo que crees.

ESCRIBE...

¿Por qué cosas en tu vida vale la pena luchar ahora? Piensa en tus amistades, en tu familia y en lo que crees.

_____

_____

_____

_____

_____

_____

_____

DÍA 47

> Hermanos míos, considérense muy dichosos cuando tengan que enfrentarse con diversas pruebas, pues ya saben que la prueba de su fe produce perseverancia. Y la perseverancia debe llevar a feliz término la obra, para que sean perfectos e íntegros sin que les falte nada.
>
> SANTIAGO 1:2-4

Hace muchos años, antes de que se conociera la importancia de cosas como el cuidado del medio ambiente, la gente solía tirar su basura en el océano.

Ahora ya sabemos que no se debe tirar la basura en el océano, pero todas esas botellas de vidrio que se arrojaron durante años terminaron convertidas en esquirlas al ser golpeadas por las olas. Al ser arrojadas, chocan contra la arena y las rocas, y estos trozos de vidrio filosos y puntiagudos con el tiempo se vuelven trozos lisos y pulidos que parecen joyas, se vuelven pequeños tesoros a la orilla del mar.

A esos trozos se los conoce como vidrio marino. Muchas veces tu vida es como esos pedazos rotos. Tal vez sientes que tus bordes son filosos y te sientes rota, como si hubiera partes de tu vida que te hacen sentir que no tienes un propósito. Sin embargo, Dios utiliza las olas y las rocas de tu vida, los momentos difíciles que parecen ser lo último que faltaba para desarmarte, y los utiliza para crear de ti algo nuevo aún más hermoso de que lo que fuiste.

Él perfecciona tus bordes filosos, le saca brillo a tu corazón y te convierte en su hermosa obra de arte. Muchas veces, luego de las situaciones y problemas más difíciles es donde aparece tu mejor versión.

RECORDATORIO

Dios utiliza los momentos difíciles de tu vida para pulirte y hacerte alguien mejor, más fuerte y hermosa que antes.

ESCRIBE...

¿Cómo ha utilizado Dios los momentos difíciles de tu vida para formar tu carácter o hacerte más fuerte?

_____

_____

_____

_____

1. Decide cuándo y dónde quieres hacer tu búsqueda del tesoro.

2. Envía una invitación a tus amigos por correo electrónico o mensaje de texto. Invita a suficientes personas como para formar al menos dos grupos pequeños.

3. Entrega a cada grupo una lista de objetos que tienen que encontrar. Aquí tienes algunas sugerencias:
   - una pluma de pájaro
   - una piña
   - una piedra
   - algo amarillo
   - algo que flote
   - una flor
   - una moneda
   - algo de la basura
   - dos hojas que sean iguales

4. Pon un límite de tiempo (tal vez una hora) para que cada equipo encuentre la mayor cantidad de objetos que pueda y regrese al punto de partida.

5. ¡Diviértanse y utilicen el tiempo para conocerse mejor!

DÍA 49

> Más bien, sean bondadosos y compasivos unos con otros y perdónense mutuamente, así como Dios los perdonó a ustedes en Cristo.
>
> EFESIOS 4:32

Si alguna vez alguien te hirió sabes que una de las cosas más difíciles de hacer es perdonarle y dejar atrás la forma en que te trató. Es muy fácil aferrarse a ese sentimiento de enojo y amargura por la situación, porque, para ser honesta, a veces se siente bien estar enojada un tiempo. Sin embargo, Dios nos llama a ser diferentes y a lidiar con estas situaciones de una forma que no siempre parece tener sentido.

Cuando alguien dice algo de ti que es cruel y falso o habla a tus espaldas, tu acto reflejo suele ser responder con algo que sea igual de cruel, pero Dios quiere que seas amable y perdones sin importar cómo te hayan tratado. Esto no significa que no hayan estado mal, sino que Dios sabe que cuando eliges perdonar puedes superar esa situación con un corazón limpio.

No puedes cambiar la forma en que otras personas eligen actuar, pero sí puedes elegir cómo responder a eso. Cuando recuerdas todas las veces que Dios te ha perdonado por actuar mal, se vuelve más fácil extender esa misma gracia y bondad a quienes te rodean. Cuando respondes con amor, amabilidad y perdón, le permites a otros ver un destello de cómo es el amor de Jesús.

RECORDATORIO

Trata a los demás con amabilidad y compasión, y perdónalos cuando te lastiman.

ESCRIBE...

¿Hay alguien que te haya herido? ¿Has perdonado a esa persona? ¿Qué pasos podrías dar para mostrarles compasión y perdonarlos?

_____

_____

_____

_____

_____

_____

_____

DÍA 50

> En cambio, el fruto del Espíritu es amor, alegría, paz, paciencia, amabilidad, bondad, fidelidad, humildad y dominio propio.
>
> GÁLATAS 5:22-23

Cuando piensas en un fruto, es probable que lo primero que se te venga a la mente sea una banana, una naranja, una manzana o, tal vez, un fruto más exótico como una granada o un kiwi. Sin embargo, cuando estás llena del Espíritu de Dios, tienes en tu vida otro tipo de frutos que debes mostrar a los demás, como amabilidad, alegría, paciencia y dominio propio.

Esto no siempre es fácil. De hecho, a veces puede ser muy difícil tener paciencia y dominio propio. Muchas veces, cuando estás enojada o herida, lo último que quieres hacer es encontrar una forma de que Dios te ayude a sentir alegría y dominio propio. Este es el tema: Dios te conoce, Él ya sabe que no puedes hacerlo por tus propios medios.

Cuando dejas que su palabra y su luz brillen en tu corazón, su espíritu te ayuda a producir esos frutos buenos, al igual que un árbol saludable siempre da frutos más sabrosos que los del árbol que está enfermo o marchito. Lo mejor de todo es que siempre puedes acudir a Dios cuando te cueste ver un fruto en tu vida o tengas dificultades para ser buena o amable. Él te dará la fortaleza que necesitas para producir el fruto espiritual que puede hacer la diferencia con tus amigos, tu familia y cualquier otra persona.

RECORDATORIO

Tienes un llamado en tu vida a dar frutos, eso significa que debes tratar a otros con amabilidad, paz y paciencia.

ESCRIBE...

¿Qué fruto sientes que te sale con más facilidad? ¿Cuál es el fruto que más te cuesta dar? Pídele a Dios que te ayude en cualquier área de tu vida en la que te resulte difícil mostrar su amor.

_____
_____
_____
_____
_____
_____
_____

DÍA 51

> No hagan nada por egoísmo o vanidad; más
> bien, con humildad consideren a los demás como
> superiores a ustedes mismos. Cada uno debe velar
> no solo por sus propios intereses, sino también por
> los intereses de los demás.
>
> FILIPENSES 2:3-4

A veces es fácil ser egoísta y egocéntrico. De hecho, parece que el mundo a veces aplaude a quienes solo se ocupan de sí mismos, sin importar lo que les cueste a otros. Puede ser difícil mirar por fuera de ti misma para encontrar formas de ayudar a los demás, en especial cuando sientes que cualquier esfuerzo que hagas puede pasar desapercibido o no ser valorado.

Sin embargo, en Filipenses, Pablo nos recuerda que no debemos hacer nada por egoísmo, sino que debemos encontrar formas de valorar a los demás más de lo que nos valoramos a nosotros mismos. Tal vez, puede ser sacando la basura o ayudando a tus hermanos a hacer su tarea. Es asombroso lo bien que te sientes cuando comienzas a encontrar formas de ayudar a otros en vez de ocuparte solo de ti misma. Incluso aunque parezca que las personas no notan lo que has hecho, sientes paz y alegría interior por ayudar a quienes lo necesitan, porque Dios te hizo de ese modo.

Dios te creó para que tengas un corazón que quiera servir y amar a los demás. Dios nos hizo a su imagen y ese es su corazón. Pídele que abra tus ojos para ver cómo puedes amar y servir a quienes te rodean. Cuando te empiezas a enfocar más en los demás y los ayudas, te sorprende la diferencia que puede hacer un poco de amabilidad y solidaridad en la vida de alguien y lo mucho que lo aprecia.

RECORDATORIO

Deja el egoísmo y busca formas de ayudar a quienes te rodean. Pon tu tiempo y tu talento al servicio de otros.

ESCRIBE...

¿Cómo puedes ser menos egoísta? Escribe algunas formas prácticas en las que puedes ser más solidaria y ayudar más a otros en tu vida cotidiana.

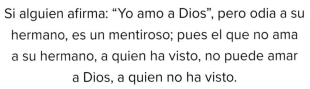

DÍA 52

Si alguien afirma: "Yo amo a Dios", pero odia a su hermano, es un mentiroso; pues el que no ama a su hermano, a quien ha visto, no puede amar a Dios, a quien no ha visto.

1 JUAN 4:20

Este es un versículo bastante fuerte que no da vueltas. En pocas palabras, te llama mentirosa si afirmas amar a Dios, pero odias a otra persona. Es probable que tengas al menos una persona en tu vida que te hace las cosas difíciles o que es difícil tenerla cerca.

Sin embargo, Dios te llama a ser diferente al resto del mundo. La luz de Dios debe brillar en ti al amar a quienes te rodean y ser feliz sin importar lo que esté sucediendo en tu vida. Esa puede ser una carga pesada a veces, pero también puedes encontrar felicidad y paz al elegir vivir de la forma en que Dios te llama. Cuando eliges amar a quienes son difíciles de amar, vas a destacarte entre la multitud. Es difícil hacerlo por tus medios, pero Dios te dará la fuerza que necesitas si se la pides.

La próxima vez que te encuentres en una situación con alguien que te irrita o que es malo, recuerda que Dios te llama a ser diferente. Lo bueno es que amar a las personas y responderles con amor se vuelve un hábito y puede hacer una gran diferencia en la vida de quienes te rodean todos los días. Tú eres la luz y el amor de Dios para todos los que conoces y no hay mejor forma de demostrárselo a otros que reaccionando con amor frente esas mismas personas que te dificultan la vida.

RECORDATORIO

No puedes odiar a una persona y afirmar que amas a Dios. Necesitas responder a los demás con amor.

ESCRIBE...

¿Cómo puedes demostrarle amor a quienes te rodean?

_____
_____
_____
_____
_____
_____
_____

DÍA 53

> Que el Dios de la esperanza los llene de toda alegría y paz a ustedes que creen en él, para que rebosen de esperanza por el poder del Espíritu Santo.
>
> ROMANOS 15:13

¿Alguna vez has tenido algo o a alguien en tu vida en el que pusiste toda tu esperanza y confianza y luego te decepcionó? Es muy fácil construir ideas de personas o cosas en tu mente y creer que, si tan solo esas personas se fijaran en ti, o si tan solo pudieras alcanzar ese objetivo, serías feliz.

Sin embargo, hay un vacío en tu corazón que solo Dios puede llenar. Por eso, puedes intentar buscar todo tipo de formas para sentirte llena, pero aun así sentirte vacía. Dios es la única fuente verdadera de alegría, esperanza y paz para tu vida. Cuando te das cuenta de lo mucho que te ama y te cuida, entonces puedes confiar en que Él siempre resuelve cada detalle de tu vida para bien.

Dios sabe que luchas contra el sentimiento de que tal vez haya cosas en este mundo que te den felicidad, pero Él siempre está allí esperando que le lleves tus problemas y tus preocupaciones para llenarte de alegría, de paz e inundarte de esperanza.

RECORDATORIO

Dios es la única fuente de verdadera alegría y paz. Eso te permite tener esperanza para todas las circunstancias de tu vida.

ESCRIBE...

¿Hay algo que sentiste que te haría feliz en tu vida, pero solo te hizo sentir decepcionada o desilusionada? ¿Cómo puedes pedirle a Dios que te dé alegría verdadera?

_____
_____
_____
_____
_____
_____
_____
_____

DÍA 54 – ACTIVIDAD 9
BENEFICENCIA

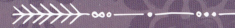

Organiza un puesto de limonada o una venta de pasteles para ayudar a la organización benéfica que prefieras.

1. Invita a algunos amigos para que te ayuden con la venta y pídele ayuda también a un adulto.
2. Elige una organización benéfica o un ministerio al que te gustaría ayudar.
3. Haz unos letreros coloridos promocionando tu venta y especifica que todo el dinero se destinará para beneficencia.
4. Reúne todo lo necesario para armar el puesto.
   - mezcla para limonada
   - varias jarras
   - galletas o brownies
   - vasos de cartón y servilletas
   - una caja para poner el dinero y el cambio
5. Elige un lugar concurrido para instalar el puesto.
6. Recuerda ser amable, simpática y ¡divertirte!

DÍA 55

> Pero tú, Señor, eres Dios compasivo y
> misericordioso, lento para la ira
> y grande en amor y fidelidad.
>
> SALMOS 86:15

Dios te ama más de lo que jamás podrías imaginar. Él te ama sin importar lo que hayas hecho o cuánto te hayas equivocado. A veces es fácil sentir que has decepcionado a todos por las decisiones que has tomado, pero esa no es la forma en que Dios te ama. Él es lento para la ira y rebosa de amor y fidelidad para ti. Esto significa que te tiene mucha paciencia y no se enoja cada vez que te equivocas. Él te ama y es fiel sin importar lo que haces o hayas hecho.

Por lo tanto, cuando cometas errores o sientas que te has equivocado demasiado como para merecer el amor de Dios, recuerda que eso no es posible. A veces puede ser tentador poner distancia entre Dios y tú cuando has hecho algo malo, pero quiere que corras hacia Él. Siempre va a estar allí esperándote, lleno de amor para ti.

RECORDATORIO

Dios es lento para la ira y te ama más de lo que te puedes imaginar.

ESCRIBE...

¿Qué cosas harías en tu vida si te permitieras sentir lo mucho que Dios te ama? ¿Hay heridas del pasado o decepciones que podrías dejar atrás? ¿Hay cosas nuevas que podrías intentar?

_____
_____
_____
_____
_____
_____
_____

DÍA 56

> Los gobernantes, al ver la osadía con que hablaban Pedro y Juan, y al darse cuenta de que eran gente sin estudios ni preparación, quedaron asombrados y reconocieron que habían estado con Jesús.
>
> HECHOS 4:13

¿Alguna vez has visto a alguien tener un acto de valentía y deseaste tener ese mismo valor? A veces, ver a otras personas levantarse y arriesgarse por algo, puede inspirarte a hacer lo mismo. Hay muchas cosas que pueden impedírtelo, como el miedo a fallar, a lastimarte o a quedar en ridículo. Sin embargo, también están esos momentos asombrosos en los que decides intentarlo de todos modos.

Así eran Pedro y Juan cuando hablaban de Jesús. De seguro era aterrador para ellos, porque sabían que no todos querían oír lo que tenían para decir. Sin embargo, estos hombres se sentían tan seguros de lo que habían experimentado que no podían evitar hablarles a todos de Él, sin importar lo que les costara.

¿Sabes por qué pudieron hacerlo? Porque habían estado con Jesús. Puede ser muy difícil arriesgarse a hablarle a otros de Jesús o compartir lo que Él ha hecho en tu vida, pero cuando pasas tiempo con Él y experimentas lo que puede hacer, no eres capaz de guardártelo para ti.

RECORDATORIO

Cuando pasas tiempo con Jesús, Él te da la valentía que necesitas para hablar de Él y dejarlo que guíe tu vida.

ESCRIBE...

¿Hay cosas de tu vida que sean diferentes porque has pasado tiempo con Jesús? ¿Cómo puedes compartir esa experiencia con los demás?

DÍA 57

Jesucristo es el mismo ayer, hoy y por siempre.

HEBREOS 13:8

¿Has tenido momentos en los que sentiste que todo estaba cambiando? Al igual que las estaciones cambian de otoño a invierno o de primavera a verano, la vida siempre trae nuevos desafíos y experiencias.

A veces el cambio es agradable, pero otras, puede ser muy difícil, como cuando las amistades se alejan o tu familia se muda a una nueva ciudad. No obstante, lo único que nunca va a cambiar es Jesús, Él es el mismo ayer, hoy y siempre.

Sin importar qué suceda en tu vida, puedes contar con Dios. Él ha estado cuidándote desde antes de que comenzaras a respirar, y seguirá protegiéndote y peleando por ti siempre. Cuando el mundo a tu alrededor parezca inseguro o sientas miedo por lo que viene, respira hondo y recuerda que Dios nunca cambia. Él siempre va a estar allí, pase lo que pase.

RECORDATORIO

Jesús nunca cambia. Él es bueno y fiel.

ESCRIBE...

¿Qué cosas de tu vida están cambiando ahora mismo? ¿Confías en que Jesús siempre va a ser el mismo y te va a ayudar en todo lo que enfrentes?

DÍA 58

> Yo les he dicho estas cosas para que en mí
> hallen paz. En este mundo afrontarán aflicciones,
> pero ¡anímense! Yo he vencido al mundo.
>
> JUAN 16:33

Es probable que ya te hayas dado cuenta de que la vida a veces es difícil. De hecho, la vida es difícil gran parte del tiempo. Hay momentos en los que pierdes a un ser querido, un amigo te da la espalda, la escuela te estresa o no logras llevarte bien con tus padres. Todas esas cosas son parte de la vida.

Dios sabe que la vida es difícil, por eso hizo hincapié en poner esto en la Biblia. En este mundo afrontarán aflicciones. No dijo "tal vez", dijo "afrontarán". Y cuando vengan esos tiempos difíciles, puede que estés triste, irritable y enojada. Está bien sentir todo eso, porque así fuiste creada, pero también es buena idea hablar con tus padres o con otro adulto de tu confianza sobre las cosas con las que tienes problemas.

La buena noticia es que Dios ha vencido al mundo. La oscuridad no tiene la última palabra sobre tu vida, Dios sí. Él siempre está obrando para bien, aun cuando la vida es difícil. Confía en Él para que te cuide y sane tu corazón cuando se sienta roto.

RECORDATORIO

La vida es difícil, pero Dios siempre es bueno.

ESCRIBE...

¿Ahora mismo la vida te parece difícil? ¿Qué cosas que estás atravesando puedes soltar y confiárselas a Dios?

_____
_____
_____
_____
_____
_____
_____

DÍA 59

Hagan lo que hagan, trabajen de buena gana, como para el Señor y no como para nadie en este mundo.

COLOSENSES 3:23

Trabajar no siempre es divertido. Ya sea estudiar para un examen o ayudar con las tareas del hogar, esas no suelen ser las cosas que más amas hacer. Es mucho más divertido pasar todo el día en el cine o de compras con amigos, pero trabajar es una parte necesaria de la vida. Es probable que en este momento de tu vida no tengas un trabajo real como tus padres. Para ti, trabajar puede entenderse como ser una buena hermana, una buena amiga, esforzarse en la escuela, practicar un deporte o tocar un instrumento.

Hay momentos en que nos sentimos cansados y queremos renunciar, pero Dios te da la fortaleza que necesitas, y también te ha dado dones específicos para que puedas utilizar. Trabaja duro para ser buena en lo que sea que hagas y las personas que te rodean verán que eres diferente. Esa diferencia en ti viene de Dios.

Recuerda que todo lo que haces es para Dios. Él te ha dado dones y talentos, tu familia y tu mente. Él te ha puesto en tu escuela y en tu comunidad porque sabe que puedes hacer una diferencia en la vida de quienes te rodean allí. Cuando estudies y hagas las tareas del hogar, recuerda que estás haciéndolo para darle la gloria a Él y para que su luz brille en ti.

RECORDATORIO

Trabaja con todo tu corazón porque todo lo que haces es para Dios.

ESCRIBE...

¿Cuáles son algunas de tus responsabilidades o quehaceres diarios? ¿Qué cosas harías de forma diferente si mentalizas que las estás haciendo para Dios?

_____

_____

_____

_____

_____

_____

_____

DÍA 60 – ACTIVIDAD 10
COMPARTE PIEDRAS DE LA AMABILIDAD

1. Ve a una tienda de manualidades a comprar o busca en tu vecindario unas piedras lindas y lisas.

2. Toma algunas pinturas acrílicas o marcadores.

3. Decora las piedras con recordatorios para ser amable con quienes te rodean. Algunos ejemplos son: "alégrate", "sé amable", "sírvanse unos a otros" o "ama siempre".

4. Quédate con las piedras para recordarlo o dáselas a un amigo que necesite motivación.

DÍA 61

*Así que no temas, porque yo estoy contigo;
no te angusties, porque yo soy tu Dios.
Te fortaleceré y te ayudaré;
te sostendré con la diestra de mi justicia.*

ISAÍAS 41:10

No todo el miedo es malo. A veces el miedo es la forma en que tu mente te protege de ser lastimada. Ese es el motivo por el que tus padres deben haberte enseñado a no tocar una estufa caliente o a no cruzar una calle concurrida sin antes mirar a ambos lados.

Luego están los miedos que aparecen por no confiarle a Dios todos los detalles de tu vida. Puede ser difícil entregar el control y dar un salto de fe sin saber cómo va a terminar, pero a menudo es eso exactamente lo que Dios te va a llamar a hacer. El miedo te susurra que estás sola y desamparada.

La verdad es que Dios siempre está contigo. Él va a ayudarte en cualquier situación que enfrentes, sin importar lo aterradora o peligrosa que sea. Él te dará la fortaleza que necesitas para superarlo. Por lo tanto, la próxima vez que sientas que el miedo crece dentro de ti, pregúntate: *¿quién es más grande, la situación que enfrento o Dios?*

Cambia tu miedo por oración. Habla con Dios sobre lo que estás viviendo y confía en que Él va a guiarte por lo que sea que la vida te ponga en el camino, sin importar lo aterrador que parezca.

RECORDATORIO

Dios va a fortalecerte y a ayudarte cuando sientas miedo.

ESCRIBE...

¿A qué cosas les tienes miedo ahora mismo? ¿Confías en que Dios es más grande que esas situaciones?

_____

_____

_____

_____

_____

_____

_____

DÍA 62

> Háganlo todo sin quejas ni contiendas, para que sean intachables y puros, hijos de Dios sin culpa en medio de una generación torcida y depravada. En ella ustedes brillan como estrellas en el mundo.
>
> FILIPENSES 2:14-15

¿Realizas todos tus quehaceres, tu tarea y todo lo que te piden tus padres sin discutir o quejarte? Es difícil no quejarse o discutir, en especial cuando sientes que algo es injusto o no es lo que quieres hacer.

El apóstol Pablo escribió estas palabras en la Biblia y tenía muchas cosas para quejarse. Él fue golpeado y encarcelado mientras viajaba para hablarle a otros de Jesús.

Lo malo de discutir y quejarse es que no te ayuda a brillar, y para eso fuiste llamada, para brillar en este mundo como las estrellas en el cielo. La mejor forma de hacerlo es ir por la vida sin refunfuñar. Hay personas que están escuchando lo que dices con atención y observando tus actitudes, así que pregúntate si estás dando una buena impresión o no.

Todos prefieren estar cerca de una persona que esté llena de alegría y ánimo, aun en los momentos difíciles o cuando las cosas no salen como quieres. Encontrar esa felicidad es tu decisión. Por lo tanto, busca formas de animar a quienes te rodean y hacer con gusto las cosas que te piden. Cuando sientas la tentación de quejarte, eso va a ayudarte a no hacerlo y te ayudará a recordar cosas de tu vida que te hagan sentir agradecida.

RECORDATORIO

No discutas ni te quejes, fuiste llamada para brillar.

ESCRIBE...

¿Hay cosas o personas en tu vida por las que te quejes constantemente? ¿Puedes encontrar alguna forma para dejar de discutir y de quejarte?

_____
_____
_____
_____
_____
_____
_____

DÍA 63

Cristo nos libertó para que vivamos en libertad.
Por lo tanto, manténganse firmes y no se sometan
nuevamente al yugo de esclavitud.

GÁLATAS 5:1

Pablo escribió estas palabras en Gálatas porque en ese momento había mucha gente intentando vivir bajo las leyes originales de Antiguo Testamento. Los judíos querían que los gentiles siguieran sus reglas, pero Pablo quería que la gente supiera que Cristo nos hizo libres. Jesús murió en la cruz para que pudiéramos ser libres de nuestros pecados.

A veces puede ser fácil olvidar la libertad que tenemos en Cristo. Puede que te preocupes mucho, que tengas miedo de lo que otros piensen de ti o que sientas que has decepcionado a Dios, pero ya eres libre de todo eso por medio de Jesús, porque Él es la base de toda tu seguridad.

Él vino a sanar a los afligidos y a hacernos libres. Eso significa que puedes vivir sin preocuparte por ser perfecta o por hacer todo bien todo el tiempo, y que no tienes que vivir con miedo de lo que otros piensen de ti, porque el Dios del orbe te ama mucho. Cuando confías en Él, las cadenas que te impiden ser feliz se rompen, te liberas de las mentiras que creías de ti y puedes ver las cosas desde la perspectiva de Dios. Ahí te das cuenta de que tu vida descansa segura en Jesús porque Él te ha hecho libre.

RECORDATORIO

Dios te ha hecho libre mediante la muerte de Jesús en la cruz. Eres libre para ser exactamente quien Dios te hizo ser.

ESCRIBE...

¿De qué preocupaciones te gustaría liberarte? ¿Qué sientes que te lo impide?

_____

_____

_____

_____

_____

_____

_____

DÍA 64

Aférrate a la instrucción, no la dejes escapar;
cuídala bien, que ella es tu vida. No sigas la senda
de los perversos ni vayas por el camino de los
malvados. ¡Evita ese camino! ¡No pases por él!
¡Aléjate de allí y sigue de largo!

PROVERBIOS 4:13-15

De seguro tienes algún tipo hábito: tal vez te muerdes las uñas o te suenas los nudillos. Sea cual sea, los hábitos son cosas que hemos hecho tantas veces que, por lo general, las hacemos sin pensar. Los malos hábitos pueden ser muy difíciles de romper porque se convierten en una parte importante de tu persona.

La buena noticia es que puedes crear buenos hábitos en tu vida. Por ejemplo, escuchar a las personas en las que confías y te quieren o hacer lo correcto aun cuando nadie te está mirando. Desarrollar este tipo de hábitos puede tomar tiempo y disciplina, por eso, en Proverbios se nos pide que nos aferremos a la buena instrucción y la cuidemos bien.

El curso de tu vida lo determinan las personas que escuchas, los hábitos que desarrollas y aquellos de quienes te rodeas. Es importante pedirle a Dios que te ayude a tener sabiduría en estas áreas para tomar mejores decisiones y elegir el mejor camino para tu vida. Cuanto más lo haces, más se convierte en el mejor hábito que tendrás en tu vida.

RECORDATORIO

Escucha la buena instrucción para tu vida y haz que seguirla sea un hábito.

ESCRIBE...

¿Qué pasos puedes dar para desarrollar buenos hábitos en tu vida?

_____
_____
_____
_____
_____
_____
_____

DÍA 65

El que con sabios anda, sabio se vuelve;
el que con necios se junta, saldrá mal parado.

PROVERBIOS 13:20

Tus amigos hacen una diferencia en casi todas las decisiones que tomas. Ellos son las personas con las que pasas más tiempo y las que pueden influenciar tus hábitos y tu forma de actuar. Por eso es muy importante pasar tiempo con buenos amigos que te ayuden a tomar decisiones inteligentes. Esto significa que habrá personas en tu vida con las que sea divertido estar, pero no las mejores para pedirles consejos sobre cómo vivir o manejar una situación difícil.

Piensa en tus amigos, en su mayoría: ¿son buenas o malas influencias para tu vida? ¿Te alientan? ¿Te ayudan a caminar con Jesús? ¿Puedes confiar en ellos o te hacen sentir mal contigo misma? ¿Te convencen de hacer cosas que no sueles hacer? ¿Hablan de ti a tus espaldas?

Toma decisiones sabias con respecto a tus amigos. Es preferible pasar tiempo con gente que te ayude a ser una mejor persona. Si siempre hay muchos problemas y peleas, pídele a Dios que te dé amigos que te animen y te den su apoyo. Esas son las personas que van a ayudarte a crecer y a que tu vida sea mejor.

RECORDATORIO

Elige buenos amigos, que sean sabios, te ayuden y te motiven.

ESCRIBE...

¿Quiénes son tus mejores amigos? ¿Te dan buenos consejos? ¿Confías en ellos?

_____

_____

_____

_____

_____

_____

_____

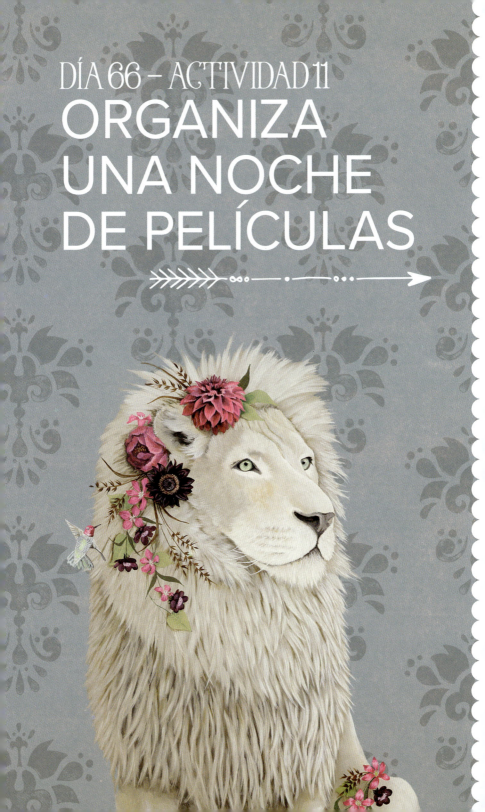

1. Pídeles a tus padres que elijan una buena noche en el calendario.
2. Invita a un grupo de amigas para hacer una noche de películas, y que todas vistan sus pijamas.
3. Elige una o dos películas que sean apropiadas y que todas puedan disfrutar.
4. Ordena una pizza, haz palomitas y prepara un puesto de dulces con diferentes opciones.
5. ¡Diviértete con tus amigas y recuerda lo agradecida que estás de tenerlas!

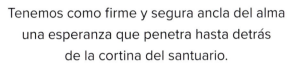

DÍA 67

Tenemos como firme y segura ancla del alma
una esperanza que penetra hasta detrás
de la cortina del santuario.

HEBREOS 6:19

Por momentos la vida es como el océano: un día puede estar en calma, y al siguiente puede ser hostil. ¿Alguna vez has estado en un bote en el océano? Las olas determinan cómo se mueve el bote. No hay forma de que permanezca en un lugar sin un ancla, pero una vez que el ancla esté bien asegurada al fondo del océano, el bote se quedará fijo en un lugar sin importar el viento o la violencia del mar.

A veces sentimos que nuestra vida es un bote que da vueltas y no podemos controlar lo que va a suceder o hacia dónde vamos. Sin embargo, en Hebreos, vemos que Jesús es nuestra esperanza, el ancla de nuestra alma y el que mantiene nuestra vida firme y segura. Podemos distraernos y alejarnos de las cosas más importantes, pero el amor de Jesús nos da seguridad y nos ayuda a encontrar paz.

Si te sientes abrumado por la vida, pon tus pensamientos en Él y recuerda que la esperanza que tienes en su amor y su perdón es un ancla. Él va a sostenerte fuerte aun cuando la vida se ponga difícil y las olas parezcan demasiadas. Él es tu esperanza incluso en los momentos más oscuros y en las peores tormentas.

RECORDATORIO

La esperanza que tienes en Jesús le da seguridad a tu corazón y tu alma.

ESCRIBE...

¿Alguna vez sentiste que estabas en medio de una tormenta? ¿Cómo te ayudó Jesús a transitarla? ¿Cómo puedes pedirle que sea tu ancla y te sostenga?

_____

_____

_____

_____

_____

_____

_____

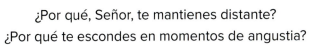

DÍA 68

¿Por qué, Señor, te mantienes distante?
¿Por qué te escondes en momentos de angustia?

SALMOS 10:1

Cuando nos encontramos en medio de un momento duro es difícil entender lo que Dios está haciendo y por qué las cosas no suceden como lo deseamos. ¿Alguna vez has tenido una situación en la que pensaste preguntarle a Dios *por qué*? ¿Por qué permitió que algo sucediera o por qué no cambió una situación difícil?

Cuando lees el libro de los Salmos, ves muchos momentos en que los escritores preguntaron por qué sucedían cosas malas o qué estaba haciendo Dios. Esto no significa que dudaran de su bondad, solo querían saber por qué esas cosas les sucedían a ellos.

A Dios no le molesta que le pregunten por qué. Su respuesta no va a ser: "¡Porque lo digo yo!", como pueden decirte tu mamá o tu papá. Él no siempre va a darte una respuesta inmediata y muchas veces no vas a saber por qué las cosas suceden de esa manera hasta que pase el tiempo, si es que alguna vez lo sabes. Sin embargo, Dios quiere tener una relación real contigo y eso significa que está bien pedirle que te muestre dónde está y por qué estas pasando un momento difícil. Hablar con Él y hacerle preguntas te ayudará a recordar lo mucho que te ama, aun cuando la vida no parezca justa.

RECORDATORIO

Está bien preguntarle a Dios por qué está sucediendo algo en tu vida o cómo va a utilizar esa situación para bien.

ESCRIBE...

¿Qué preguntas tienes para Dios? Escribe sobre un momento en el que no entendiste por qué sucedió algo, pero más adelante le encontraste un sentido.

_____

_____

_____

_____

_____

_____

_____

DÍA 69

> Así también la lengua es un miembro muy pequeño del cuerpo, pero hace alarde de grandes hazañas. ¡Imagínense qué gran bosque se incendia con tan pequeña chispa!
>
> SANTIAGO 3:5

Cada vez que abras tu boca para decir algo, deberías pensar en lo que estás a punto de decir y preguntarte si es verdad y si es amable. Te sorprendería lo que eliges no decir cuando primero te haces esas dos preguntas.

Dios sabe que muchas veces hablamos sin pensar, por eso nos recuerda que, aunque nuestra lengua es una pequeña parte de nuestro cuerpo, tiene un gran poder. De hecho, Pablo la compara con la forma en que una pequeña chispa puede comenzar un incendio en un gran bosque; de la misma forma, solo se necesita una pequeña palabra que no sea real o que sea cruel para destruir una amistad.

Tomémonos el tiempo para utilizar nuestras palabras con cuidado. Asegurémonos de no difundir un chisme o decir algo de un amigo que no le diríamos a la cara. Esto te ayudará a convertirte en una persona en la que otros puedan confiar, porque saben que eres leal, fiel y amable, y esas son las características que honran a Dios en nuestra vida.

RECORDATORIO

Nuestra lengua es poderosa, por eso necesitamos escoger nuestras palabras con cuidado.

ESCRIBE...

¿Cómo puedes utilizar tus palabras para hacer crecer a otros? ¿Qué puedes hacer para recordar que debes pensar antes de hablar y escoger bien tus palabras?

_____
_____
_____
_____
_____
_____
_____

DÍA 70

> Pero él me dijo: "Te basta con mi gracia, pues mi poder se perfecciona en la debilidad". Por lo tanto, gustosamente presumiré más bien de mis debilidades, para que permanezca sobre mí el poder de Cristo. Por eso me regocijo en debilidades, insultos, privaciones, persecuciones y dificultades que sufro por Cristo; porque, cuando soy débil, entonces soy fuerte.
>
> 2 CORINTIOS 12:9-10

Puede que hayas tenido un momento en tu vida en el que no lograras lo que tanto querías. El fracaso puede ser difícil de manejar, puede hacernos sentir dolor o desilusión.

Sin embargo, el fracaso puede ser algo positivo porque nos hace más fuertes de lo que éramos. Tal vez no conseguiste la nota que esperabas en el examen de matemática, pero eso te ayudó a saber cómo prepararte mejor la próxima vez; o quizás no lograste entrar al equipo de fútbol, pero eso te ayudó a encontrar un deporte que en realidad te gusta más. El fracaso puede ayudarnos a encontrar los dones que Dios nos dio.

Pablo sabía que el poder de Dios se perfecciona en nuestra debilidad. Habrá momentos en la vida en los que fallaremos, pero Él es más fuerte que nuestras debilidades y fracasos. Si se lo permites, Dios va a utilizar esos fracasos para hacerte fuerte y guiarte al camino al que te ha destinado. La próxima vez que fracases, pregúntale a Dios qué quiere que aprendas y ve adonde te lleve. Muchas veces, un final es solo un nuevo comienzo.

RECORDATORIO

En nuestras debilidades y fracasos es donde Dios puede ser nuestra fortaleza.

ESCRIBE...

¿Recuerdas algún momento en el que fracasaste? ¿Qué aprendiste de eso?

_____
_____
_____
_____
_____
_____
_____

DÍA 7

Hijos, obedezcan en el Señor a sus padres, porque esto es justo. "Honra a tu padre y a tu madre" —que es el primer mandamiento con promesa— "para que te vaya bien y disfrutes de una larga vida en la tierra".

EFESIOS 6:1-3

Por si todavía no te diste cuenta, tus padres no son perfectos y, aunque puedan frustrarte a veces, Dios dice que debemos honrarlos y obedecerlos. ¿Qué te parece?

Esto significa que deberías pedirles consejos. Tus padres quieren lo mejor para ti y pueden ayudarte a entender cuál es la mejor decisión. Ellos conocen tus fortalezas y debilidades, y por eso es lógico pedirles su opinión sobre situaciones de tu vida. También deberías orar por ellos y darles ánimo. Ellos necesitan tus oraciones y es lindo contarles las formas en las que te han ayudado y que estás agradecida por tenerlos.

Sobre todo, puedes honrarlos diciéndoles la verdad. Es difícil tener una buena relación si no eres honesta con ellos sobre lo que sucede en tu vida. Te sorprendería lo flexibles que podrían llegar a ser si decides hablar con la verdad, aun cuando te hayas equivocado.

Las relaciones familiares muchas veces pueden ser difíciles. Hemos visto lo peor de cada uno, pero debemos luchar por honrar a Dios al honrar a nuestros padres. La forma en que los tratamos es importante para Dios.

RECORDATORIO

Es importante honrar a Dios por medio de la honra a nuestros padres.

ESCRIBE...

¿Le dices a tus padres que aprecias lo que hacen por ti? ¿Cómo puedes demostrarles que los amas y los respetas? _ ¿Cómo puedes orar por ellos?

DÍA 72 – ACTIVIDAD 12
HAZ UNA LISTA DE DESEOS

Una lista de deseos es un conjunto de objetivos y sueños que tienes para tu vida. Puede ayudarte a descubrir qué te importa y qué quieres lograr.

1. Toma un papel o escribe en un diario o cuaderno.

2. Haz listas de diferentes cosas. Estas son algunas sugerencias:
   - ¿A dónde te gustaría viajar?
   - ¿Qué te gustaría lograr en la escuela?
   - ¿Qué objetivos tienes para tus actividades extracurriculares (danza, deporte, banda, etc.)?
   - ¿De qué formas te gustaría arriesgarte o intentar algo nuevo?
   - ¿Qué sueños tienes para tu vida?

3. Guarda la lista en un lugar seguro para poder mirarla de vez en cuando. Cámbiala agregando nuevas cosas y tachando otras de la lista.

DÍA 73

El Señor aborrece a los de labios mentirosos,
pero se complace en los que actúan con lealtad.

PROVERBIOS 12:22

Todos hemos dicho una mentira en algún momento y solo se necesita una mentira para que una persona sea mentirosa. Cuando mientes, la gente puede perder la confianza en ti y eso es algo difícil de recuperar una vez que se rompe. El otro problema es que una mentira suele conducir a más mentiras y puede ser cada vez más fácil no decir la verdad en el esfuerzo por esconder que mentiste.

Si bien nos gusta pensar que hay mentiras pequeñas y mentiras grandes, Dios odia todo tipo de mentiras. Es mucho mejor ser real y honesto, porque, aunque las mentiras te hagan sentir bien por un rato, al final se van a convertir en una gran carga. Enfrenta la verdad, aun cuando sea difícil. Tal vez te castiguen por eso, pero al menos ganarás confianza al ser honesta.

Pídele a Dios que te dé la fuerza para ser honesta. Él siempre es fiel y puede darte el valor para hacer lo correcto, aun cuando sea difícil.

RECORDATORIO

Las mentiras solo destruyen la confianza que la gente tiene en ti. Habla con la verdad, aun cuando sea difícil.

ESCRIBE...

¿Alguna vez has dicho mentiras que desearías no haberlas dicho? ¿Mejoraron la situación o la empeoraron? ¿Cómo puedes ser más honesta de ahora en adelante?

_____

_____

_____

_____

_____

_____

_____

DÍA 74

*Que nadie te menosprecie por ser joven.
Al contrario, que los creyentes vean en ti un ejemplo
a seguir en la manera de hablar, en la conducta,
en amor, fe y pureza.*

1 TIMOTEO 4:12

Pablo pronunció estas palabras a Timoteo cuando comenzaba su ministerio y son tan importantes para ti hoy como lo fueron para él. Puede ser muy fácil sentir que eres demasiado joven para hacer una diferencia, pero Dios utiliza muchos jóvenes a lo largo de la Biblia para cambiar el mundo.

David venció a Goliat cuando era solo un adolescente; María dio a luz a Jesús cuando era joven, y fue un niño el que compartió sus pescados y panes con Jesús para alimentar a cinco mil personas. Nunca dejes que nadie te diga que eres demasiado joven para hacer una diferencia en la vida de alguien más.

Cuando piensas en tu vida, ¿qué tienes para que Dios pueda utilizar? ¿Eres buena en los deportes? ¿Eres buena estudiante? ¿Puedes ser una buena amiga con alguien que lo necesita? Si le pides a Dios que te muestre maneras de hacer una diferencia en la vida de quienes te rodean, Él va a ser fiel y lo hará.

A Dios no le importa tu edad, sino tu corazón. Tú puedes ser un ejemplo para otras personas más adultas si le pides a Dios que te ayude a vivir siendo fiel a Él. No dejes que nadie te menosprecie por tu edad.

RECORDATORIO

Eres capaz de hacer una diferencia en el mundo sin importar lo joven que seas.

ESCRIBE...

¿Hay cosas que sientes que no puedes hacer hasta que seas mayor? ¿De qué forma puedes permitirle a Dios que te use en este momento?

_____

_____

_____

_____

_____

_____

_____

DÍA 75

> Porque a todo el que tiene se le dará más
> y tendrá en abundancia. Al que no tiene hasta
> lo que tiene se le quitará.
>
> MATEO 25:29

A cada uno de nosotros se nos han dado dones específicos. Ya sea que practiques un deporte, toques un instrumento, bailes o seas una gran estudiante, esa habilidad te la ha dado Dios. Cuando utilizamos esos dones conforme al propósito de Dios, pueden suceder cosas grandes en nuestra vida y la de los demás.

Dios es quien nos da todos los buenos dones. Sin importar cuáles sean los tuyos, Él te los dio por una razón y con un propósito. ¿Estás utilizando los dones y talentos que Dios te dio? Hay cosas dentro de ti que Dios te dio de forma única y si las utilizas para darle gloria a Él, vas a sentir su gozo. Dios ha puesto cosas en cada uno de nosotros. Es algo en tu interior que va a ayudarte a sentir lo mucho que Él te ama.

Todos somos parte del cuerpo de Cristo y todas las partes son importantes. No existe una parte de tu vida o de tus dones que sea insignificante. Fuiste creada para amar y servir a Dios, sin importar qué otra cosa hagas. Cuando utilizas tus talentos para Dios, Él bendice tu esfuerzo y te ayuda a encontrar formas de hacer la diferencia. Sé fiel al utilizar tus dones para mostrarle a otros lo que Dios ha hecho en tu vida, esa es la mejor forma de demostrar lo agradecida que estás de que Él te haya creado de una forma tan singular.

RECORDATORIO

Dios te ha dado dones y talentos específicos. Si los utilizas, Él continuará bendiciéndote con más.

ESCRIBE...

¿Cuáles son algunos de tus dones o talentos? ¿Qué de las cosas que haces crees que dan gloria a Dios?

DÍA 76

> Porque para Dios nosotros somos el aroma de Cristo entre los que se salvan y entre los que se pierden. Para estos somos olor de muerte que los lleva a la muerte; para aquellos, olor de vida que los lleva a la vida. ¿Y quién es competente para semejante tarea?
>
> 2 CORINTIOS 2:15-16

Nuestro sentido del olfato es algo muy poderoso: puede traerte recuerdos, hacer que alguien despeje una habitación o hacerte sentir calma y felicidad. Es interesante que Pablo se haya referido a nosotros como el aroma de Cristo tanto para los creyentes como para quienes no lo son. Mediante nuestras palabras y nuestras acciones, somos la fragancia del amor de Cristo para los que nos rodean. Ese es un privilegio enorme y una gran responsabilidad. Significa que necesitamos amar a otros, ir a donde Cristo nos guíe y hacer lo posible para asegurarnos de no estar emitiendo un aroma que haga que la gente sienta rechazo por Cristo.

Cuando vives una vida que honra a Dios, la gente va a mirarte y sentir que hay algo distinto en ti; van a querer más de eso en ellos porque ven que les trae paz y alegría aun en tiempos difíciles. El dulce aroma de la gracia de Dios derramado sobre nosotros tiene que ser tan poderoso que atraiga a otros. Es mejor que cualquier fragancia que puedas comprar en una tienda, porque es real y durará para siempre.

RECORDATORIO

Tú eres el aroma de la vida y la paz para quienes te rodean.

ESCRIBE...

¿Cómo puedes mostrarles a otros la forma en que Dios ha cambiado tu vida? ¿Cómo crees que hueles ahora mismo?

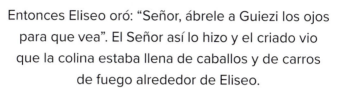

DÍA 77

Entonces Eliseo oró: "Señor, ábrele a Guiezi los ojos para que vea". El Señor así lo hizo y el criado vio que la colina estaba llena de caballos y de carros de fuego alrededor de Eliseo.

2 REYES 6:17

En 2 Reyes 6, Israel estaba en guerra con la nación de Aram. Dios le decía al profeta Eliseo cuáles iban a ser los próximos movimientos de los enemigos para que Israel los derrotara una y otra vez. Sin embargo, el rey de Aram descubrió que Dios estaba usando a Eliseo para derrotarlo y mandó a un ejército a atacarlo. Eliseo y su criado se despertaron una mañana y vieron que ¡estaban rodeados por un ejército! El criado entró en pánico, porque parecía una derrota asegurada. Sin embargo, Eliseo oró y le pidió a Dios que abriera los ojos de su criado para que pudiera ver que había un ejército de ángeles rodeándolos y protegiéndolos del ataque.

Todos hemos tenido momentos en los que sentimos que estamos en una batalla constante. Puede tratarse de una batalla contra nuestra propia mente cuando aparecen los miedos a mitad de la noche, o contra situaciones que tenemos con amigos o familiares. Es posible que comencemos a sentirnos solos y que no tengamos ninguna posibilidad de ganar esa batalla. Aquí es donde solemos entrar en pánico, pero tenemos al creador del universo peleando por nosotros y ángeles protegiéndonos todo el tiempo. Solo necesitamos pedirle a Dios que abra nuestros ojos para que podamos ver todo lo que está alrededor, y recordar que Él está todo el tiempo protegiéndonos y peleando por nosotros.

RECORDATORIO

Dios siempre pelea por nosotras y tiene un ejército de ángeles de su lado.

ESCRIBE...

¿Qué situaciones difíciles estás enfrentando ahora mismo? ¿Cómo puedes confiar en Dios para que te ayude a pelear estas batallas? Pídele que abra tus ojos para ver que está obrando por ti.

_____
_____
_____
_____
_____
_____
_____

Hay muchas formas de servir a tu comunidad o a tu escuela. Pídele a un maestro o a un padre ideas para un proyecto que puedan hacer con tus amigos para contribuir con la comunidad y hacer brillar su luz. Puede ser servir alimentos en un refugio de personas sin hogar, hacer voluntariado en una clase de escuela dominical o juntar donaciones de ropa y alimentos para una organización benéfica local.

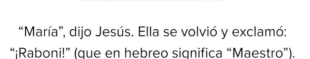

DÍA 79

> "María", dijo Jesús. Ella se volvió y exclamó: "¡Raboni!" (que en hebreo significa "Maestro").
>
> JUAN 20:16

Es probable que haya personas en tu vida que, cuando te llaman por teléfono, tan pronto como oyes su voz sabes exactamente quién está del otro lado de la línea. Sus voces son tan familiares para ti como tu propia voz y las reconocerías en cualquier lugar.

Después de que Jesús fue crucificado, María Magdalena fue a la tumba y vio que la piedra estaba movida. Ella se quedó afuera de la tumba llorando hasta que dos ángeles se le aparecieron y dijeron: "Mujer, ¿por qué lloras?". Ella respondió: "Se han llevado a mi Señor". En ese momento, Jesús estaba parado allí, pero ella no lo reconoció, pensó que era un jardinero, así que le dijo: "Señor, si usted se lo ha llevado, dígame donde lo han puesto e iré a buscarlo". Entonces Jesús le dijo: "María".

Apenas dijo su nombre, ella lo supo de inmediato. Conocer a alguien solo por el tono de su voz muestra que eres cercano a esa persona y que hablan con frecuencia, es una señal de que tienen una relación real.

¿Reconocemos la voz de Dios cuando nos habla? Ese es el tipo de relación que Él quiere tener contigo, una en la que Él susurre tu nombre y tú sepas de inmediato que estás en compañía de tu Salvador.

RECORDATORIO

Dios quiere que tengamos una relación profunda con Él para que podamos reconocerlo cuando nos habla.

ESCRIBE...

Dedica tiempo a hablar con Dios. ¿Qué cosas puedes hacer para fortalecer esa relación?

_____

_____

_____

_____

_____

_____

_____

DÍA 80

> Si se nos arroja al horno en llamas, el Dios
> al que servimos puede librarnos del horno
> y de las manos de Su Majestad. Pero incluso
> si no lo hace, queremos que sepa, Su Majestad,
> que no serviremos a sus dioses ni adoraremos
> la estatua que usted ha erigido.
>
> DANIEL 3:17-18

Sadrac, Mesac y Abednego estaban en una situación imposible. Tenían que escoger entre inclinarse ante el rey y honrar a Dios, pero sabían que no elegir al rey significaba la muerte. Ellos eligieron a Dios y fueron arrojados al horno de fuego sin tener idea de que Dios iba a salvarlos de esa muerte segura. Eso es poner tu fe cien por ciento en Dios de verdad. Todo es muy fácil cuando la vida avanza conforme a lo planeado, pero ¿qué pasa cuando esos momentos de "incluso si no lo hace" al final suceden? ¿Confías en Él en esos momentos?

Habrá momentos en tu vida en los que Dios no va a hacer lo que quieres o esperas, y eso es difícil de entender, pero Dios siempre está obrando para bien en cada situación. Nuestra fe se fortalece cuando confiamos en Él incluso en esos momentos en los que no lo entendemos.

Al final, Dios sí salvó a Sadrac, Mesac y Abednego de las llamas, y el rey mismo pudo ver todo el poder de Dios gracias a su sólida fe. Eso es tener una fe valiente que pueda cambiar el mundo. Pídele a Dios que te ayude a tener ese tipo de fe en tu vida.

RECORDATORIO

Necesitamos aprender a confiar en la bondad de Dios incluso cuando no hace lo que esperamos.

ESCRIBE...

¿Recuerdas un momento en el que te hayas sentido decepcionada por la forma en que Dios resolvió una situación? ¿Puedes ver que terminó siendo algo bueno, a pesar de la dificultad de ese momento?

_____
_____
_____
_____
_____
_____
_____

DÍA 81

Daré de beber a los sedientos
y saciaré a los que estén agotados.
JEREMÍAS 31:25

¿Recuerdas cómo te sientes al final del año escolar? El verano está tan cerca que hasta puedes sentir el aroma del protector solar que te pondrás antes de ir a la piscina por el resto del día. Es como si pudieras ver la meta, pero estás tan cansada que no tienes idea de cómo llegar. Aún tienes proyectos que terminar y exámenes que presentar, pero todo lo que en verdad quieres hacer es tomar una siesta y tal vez mirar un poco de televisión.

Todos alcanzamos puntos en los que estamos agotados, pero la vida continúa. Dios entiende que la vida puede cansarnos. Él nos creó con necesidad de descanso, por eso es saludable tener al menos ocho horas de sueño cada noche. Así funcionamos mejor, pensamos con más claridad y mejoramos nuestro estado de ánimo. Sin embargo, a menudo no es solo nuestro cuerpo físico el que necesita descanso, también es nuestra alma. Las cosas físicas pueden ser agotadoras, pero las batallas mentales y espirituales son las que nos hacen sentir como si fueran a matarnos. Por eso, descansar no solo significa dormir. Puede significar tomarse un descanso del teléfono, planificar tiempo para juntarse con amigos o leer un buen libro.

Dios nunca quiso que pasáramos por estas cosas solos o sin la promesa de refrescar nuestra alma cansada. Él sabe que la vida es difícil, por eso podemos acercarnos y pedirle que nos ayude a encontrar descanso cuando sentimos que no podemos continuar.

RECORDATORIO

Dios refresca nuestro cuerpo y nuestra alma cuando están cansados.

ESCRIBE...

¿Te sientes cansada ahora mismo? ¿De qué formas puedes descansar y dejar que Dios te reanime y te dé fuerzas?

_____
_____
_____
_____
_____
_____
_____

DÍA 82

> Como el Señor le había hablado, Agar le puso por nombre "El Dios que me ve", pues se decía: "Ahora he visto al que me ve".
>
> GÉNESIS 16:13

La historia de Agar comienza cuando Dios le promete a Abram un heredero, pero su esposa, Sarai, no quedaba embarazada. Por lo tanto, ella hace que su sierva, Agar, conciba un hijo con su esposo. Luego, Sarai se pone celosa de Agar, la maltrata y la hace huir con su hijo, Ismael.

Agar sentía que ya no tenía esperanza cuando, de pronto, un ángel se le apareció y la ayudó. Agar supo que Dios no la había olvidado y, por eso, llamó a Dios El Roi, que significa 'el Dios que ve'. Ella es la única persona en toda la Biblia que le da un nombre a Dios.

Agar era un personaje secundario en la historia de Abraham y, sin embargo, a los ojos de Dios ella no era menos importante. Él la vio y le proveyó.

Muchas veces podemos sentir que nuestra vida es pequeña cuando pensamos en todo lo que Dios tiene que resolver todos los días. ¿Son importantes los detalles de nuestra vida? Sin embargo, la historia de Agar es un recordatorio de que servimos a El Roi, el Dios que ve. Él ve todos los pequeños detalles de nuestra vida. Él ve quienes somos, quienes deseamos ser y quienes podemos llegar a ser. Él nos encuentra en el desierto de nuestra vida y promete darnos todo lo que necesitamos.

RECORDATORIO

Dios ve todos los pequeños detalles de tu vida y se preocupa por ellos.

ESCRIBE...

¿Qué cosas en tu vida son importantes para ti, pero pueden parecer pequeñas para los demás? ¿Crees que a Dios le importan esas cosas?

_____

_____

_____

_____

_____

_____

_____

DÍA 83

"Porque tuve hambre y ustedes no me dieron nada de comer; tuve sed y no me dieron nada de beber; fui forastero y no me dieron alojamiento; necesité ropa y no me vistieron; estuve enfermo y en la cárcel, y no me atendieron". Ellos también contestarán: "Señor, ¿cuándo te vimos hambriento o sediento, o como forastero, o necesitado de ropa, enfermo o en la cárcel y no te ayudamos?". Él responderá: "Les aseguro que todo lo que no hicieron por el más pequeño de mis hermanos, tampoco lo hicieron por mí".

MATEO 25:42-45

Todos los días hay personas a tu alrededor que tienen necesidad de algo. Puede ser una necesidad básica como comida o vestimenta; o puede ser una necesidad emocional como amor y aceptación. Cada uno de nosotros a veces necesita ayuda y puedes pedirle a Dios que te muestre quiénes a tu alrededor tienen una necesidad.

Se supone que debemos amar a nuestro prójimo como a nosotros mismos, y cuando ayudamos a quienes tienen necesidad, es como si estuviésemos ayudando al mismísimo Jesús. Cuando Él habla de "el más pequeño de mis hermanos" no se refiere a que esas personas sean menos que alguien, sino al hecho de que son los olvidados o nadie les tiene en cuenta.

Cuando te cruces con alguien de tu comunidad que esté en necesidad, busca formas de mostrarle el amor de Dios. Esa es la forma más visible de presentarle a Jesús al mundo que nos rodea.

RECORDATORIO

Cuando ayudamos a quienes tienen necesidad es como si estuviésemos ayudando a Dios y mostrando su amor al mundo.

ESCRIBE...

¿De qué formas puedes ayudar a alguien en necesidad? ¿En qué lugares de tu escuela, tu iglesia o tu vecindario puedes servir?

DÍA 84 – ACTIVIDAD 14
BOLSAS DE BENDICIÓN

Es una bolsa llena de artículos de primera necesidad y tentempiés, que puedes guardar entregarlea alguien necesitado.

1. Compra una caja de bolsas plásticas con cierre de un galón (3,75 litros) o guarda las bolsas del supermercado para reutilizarlas.

2. Pídele a tu mamá o a tu papá que te lleve a la tienda y compra cosas para poner en las bolsas. Aquí tienes una lista de sugerencias:
   - Cepillos de dientes
   - Pasta dental
   - Champú (el tamaño de viaje es ideal)
   - Acondicionador
   - Bálsamo labial
   - Desodorante
   - Barras de granola
   - Galletas saladas de queso o mantequilla de maní
   - Aperitivos de fruta
   - Botellas de agua
   - Calcetines

3. Reúne las bolsas y guárdalas en una bolsa más grande o en una caja en tu carro. Así las tendrás listas en caso de que veas a alguien que pueda necesitar una.

DÍA 85

Mejor son dos que uno, porque obtienen más fruto
de su esfuerzo. Si caen, el uno levanta al otro.
¡Ay del que cae y no tiene quien lo levante!

ECLESIASTÉS 4:9-10

La vida es mejor cuando la compartes con un buen amigo. Hay algo en un amigo que hace que los tiempos difíciles sean más fáciles de sobrellevar y los buenos momentos sean aún más divertidos. Dios sabía que no estábamos hechos para vivir sin compañía, por eso nos dio corazones que buscan amar a otros. Sin embargo, a veces la amistad es difícil. Tal vez un amigo te haya herido o te haya resultado difícil hacer buenos amigos en quienes confiar, pero no subestimes la importancia de la amistad y lo que puede significar en tu vida.

Todos necesitamos amigos que nos quieran y nos ayuden en nuestros momentos difíciles. Necesitamos amigos que nos animen, nos defiendan y nos den fuerzas. Debemos arriesgarnos a que nos hieran, porque dar y recibir amor con un amigo es algo que vale la pena.

Las mejores amistades son aquellas que comparten la fe en Jesús; esas son las que mejor entienden tu corazón y tus prioridades, las que van a animarte a seguir buscando a Dios y a ponerlo en primer lugar en tu vida. Estas son las amistades que van a perdurar y a ayudarlos a ambos a ser mejores personas.

RECORDATORIO

Necesitamos amigos para mejorar la vida.

ESCRIBE...

¿Quiénes son tus mejores amigos? ¿De qué forma te motivan? ¿Cómo puedes motivarlos tú a ellos?

_____
_____
_____
_____
_____
_____
_____

DÍA 86

No nos cansemos de hacer el bien,
porque a su debido tiempo cosecharemos
si no nos damos por vencidos.

GÁLATAS 6:9

¿Alguna vez te sentiste cansada de hacer el bien y esforzarte tanto? ¿Pareciera que a veces tus esfuerzos pasan desapercibidos y nadie valora lo duro que trabajas? Esto es algo que necesitas recordar: NO TE DES POR VENCIDA.

No dejes que el enemigo te desanime o te diga que lo que haces no es importante. Tu esfuerzo sí importa. Tú importas. Dios te ve y ve tu corazón incluso aunque sientas que nadie más lo hace. Sigue avanzando y buscando formas de cambiar el mundo que te rodea. No dejes de ser amable ni de esforzarte ni de amar a los demás.

La clave en una cosecha es que el desarrollo lleva tiempo. Se plantan las semillas, se riegan y el sol brilla fuerte, pero no siempre podemos ver todo el fruto que va a crecer hasta mucho tiempo después. La bondad y la amabilidad a veces también son así, pero Dios promete que verás una cosecha cuando sigas adelante.

RECORDATORIO

No te des por vencida en tu vida ni dejes de hacer el bien.

ESCRIBE...

¿Alguna vez te sentiste desanimada? ¿Puedes mirar hacia atrás y ver la cosecha de cosas buenas que hayas hecho?

DÍA 87

> Este es el día que hizo el Señor;
> regocijémonos y alegrémonos en él.
>
> SALMOS 118:24

El mundo a veces parece un poco caótico y aterrador. Hay malas noticias por todos lados y puede parecer que no hay ningún lugar donde encontrar felicidad. Puede resultar fácil preocuparse por lo que pasará mañana y enfocarse en toda la tragedia.

Sin embargo, Dios quiere que encuentres felicidad aun en medio de la tristeza. Hoy es el día que hizo el Señor, no importa qué otra cosa suceda. A veces tomarse el tiempo de agradecer por lo que tienes puede ayudarte a encontrar felicidad. Esta mañana te despertaste respirando y con un Dios que te ama más de lo que podrías entender. Tienes un nuevo día para hacer una diferencia en el mundo. Elige regocijarte y alegrarte en eso.

Todo lo malo del mundo no va a desaparecer, pero cuando eliges luchar para tener gozo, encontrarás el gozo aun en medio de la oscuridad. Dios es quien hizo este día, y lo hubiera hecho incluso aunque solo fuese para ti. Encuentra una forma de regocijarte y alegrarte en Él.

RECORDATORIO

Cada día es un regalo que Dios nos da.

ESCRIBE...

¿Cómo puedes luchar para encontrar gozo aun cuando la vida es difícil? ¿Cómo puedes demostrarle a Dios que estás agradecida por este día que te ha dado?

_____

_____

_____

_____

_____

_____

_____

DÍA 88

El hierro se afila con el hierro
y el hombre en el trato con el hombre.

PROVERBIOS 27:17

El hierro se moldea con calor y presión. Se necesitan ambos para moldearlo y convertirlo en lo que se supone que sea. ¿Alguna vez has visto una entrada o reja de hierro forjado? Toma mucho trabajo formarla y hacer todos los bordes y las curvas correctamente.

Al igual que el hierro se afila y se moldea, a nosotros nos forma la gente que nos rodea. Dios utiliza a nuestros padres, nuestros amigos y nuestros maestros para formarnos y hacernos mejores de lo que seríamos sin la influencia de ellos en nuestra vida. Por eso es muy importante elegir buenos amigos.

Habrá momentos en que un buen amigo tal vez tenga que decirte que no estás en el camino correcto o quizás *tú* tengas que decírselo a un amigo. Eso puede ser parte del calor y la presión del hierro moldeando al hierro, pero al final, el proceso vale la pena. Van a hacerse personas más fuertes y mejores de lo que serían de otro modo. No tengas miedo de hablar con un amigo si lo ves tomar malas decisiones, y ora para tener personas en tu vida que hagan lo mismo por ti.

RECORDATORIO

Los amigos se moldean entre sí como el hierro y se hacen más fuertes unos a otros.

ESCRIBE...

¿Alguna vez tuviste una conversación difícil con un amigo? ¿Valió la pena? ¿Quisieras tener un amigo que hable contigo si ve que tomas una mala decisión?

_____
_____
_____
_____
_____
_____
_____

DÍA 89

En el último día, el más solemne de la fiesta,
Jesús se puso de pie y exclamó:
"¡Si alguno tiene sed, que venga a mí y beba!
De aquel que cree en mí, como dice la Escritura,
de su interior brotarán ríos de agua viva".

JUAN 7:37-38

Si eres una atleta o alguna vez has hecho alguna actividad al aire libre con calor, debes saber que mantenerse hidratada es la clave del éxito. Debes hidratarte antes de jugar y eso significa que debes comenzar a beber mucha agua al menos veinticuatro horas antes del juego.

La clave de la hidratación es que debes mantenerla al máximo si quieres estar en un mayor nivel de rendimiento al momento del juego. Una vez que te das cuenta de que no estás lo suficientemente hidratada y comienzan los calambres, ya es muy tarde y tu cuerpo no puede compensarlo, sin importar cuánto bebas. Tienes que estar preparada.

Tu relación con Cristo se parece bastante a estar hidratada para un juego. Necesitas estar en comunicación diaria con Él mediante la lectura de la Biblia y la oración. Si estamos llenos del amor de Dios, vivimos nuestra vida al máximo rendimiento. Cuando comenzamos a mermar y nos golpea una situación difícil, podemos sentirnos asustados y cansados. Jesús es el agua viva, lo único que puede llenarnos y darnos la fortaleza que necesitamos para enfrentar la vida.

RECORDATORIO

Jesús es el agua viva y lo único que puede llenarnos.

ESCRIBE...

¿Cuáles son las formas en que pasar tiempo con Jesús te refresca y te fortalece?

_____
_____
_____
_____
_____
_____
_____

DÍA 90 – ACTIVIDAD 15
DEGUSTACIÓN

Esta es una forma divertida de ver lo singulares que son tus amigos y tú, y de ver que, lo que es mejor para una persona, no necesariamente lo es para otra.

1. Pídeles a tus padres que te ayuden a encontrar un buen día en el calendario para invitar a algunos amigos. Esta actividad tal vez sea más fácil y divertida con un grupo pequeño de tres o cuatro amigos.

2. Decide de qué productos quieres hacer la degustación. Asegúrate de averiguar antes si tus amigos son alérgicos o sensibles a algún alimento. Aquí tienes algunas ideas:
   - Dos marcas diferentes de helado
   - Diferentes tipos de barras de chocolate
   - Dos tipos diferentes de fruta (por ejemplo: una naranja y una piña, o manzanas diferentes)
   - Diferentes tipos de refrescos
   - Diferentes tipos de papas fritas o galletas saladas

3. Arma varios puestos y esconde etiquetas debajo de cada plato, bol o taza para que tus amigos no puedan verlas.

4. Escribe los resultados de cada amigo y compara qué le gustó a cada uno y por qué.

5. Diviértete y ríete de lo diferentes que somos todos y lo singulares que son nuestras papilas gustativas.

DÍA 91

El corazón del hombre traza su rumbo,
pero sus pasos los dirige el Señor.

PROVERBIOS 16:9

Estás avanzando hacia los años en los que deberás tomar muchas decisiones, y es muy importante que tengas tu propia relación personal con Dios. ¿Qué quieres ser cuando crezcas? ¿Cuáles son tus deseos y tus sueños? No es necesario que sepas la respuesta a esas preguntas ahora mismo, pero es bueno que comiences a pensarlo.

Leer tu Biblia y orar es importante para que puedas aprender cómo oír la voz de Dios. Van a venir momentos en los que tendrás que tomar decisiones que afecten tu futuro y Dios puede guiarte. Por ejemplo, tal vez te preguntes si Dios desea que hagas algo que normalmente no harías.

Todos hemos pasado por eso. Nos encanta hacer planes, pero a veces Dios tiene pensado algo para nuestra vida. Debemos estar dispuestos a desprendernos de nuestro propio plan para rendirnos al suyo. Él nunca nos va a hacer algo malo.

Puedes hacer tus planes y tener tus deseos o sueños, pero Dios nos conoce mejor que nosotros mismos. Por lo tanto, sostén tus planes sin aferrarte demasiado y sé flexible a la voz de Dios. Él conoce las formas en que puedes hacer una diferencia, las cosas que te harán feliz de verdad y lo que necesitas, incluso antes de que tú lo sepas.

RECORDATORIO

Dios nos marcará el camino y nos guiará hacia lo que es mejor para nosotros.

ESCRIBE...

¿Cuáles son algunos de tus planes? ¿Confiarás en Dios lo suficiente como para no aferrarte a ellos y para dejar que Él te guíe en la dirección correcta?

_____

_____

_____

_____

_____

_____

_____

DÍA 92

> La tristeza que proviene de Dios produce el arrepentimiento que lleva a la salvación, de la cual no hay que arrepentirse, mientras que la tristeza del mundo produce la muerte.
>
> 2 CORINTIOS 7:10

Últimamente, estamos viendo a muchas personas poderosas con la vida arruinada a causa de sus malas decisiones. Los vemos enfrentar las consecuencias, pero puede que nos preguntemos si estas personas de verdad se arrepienten de sus errores.

Estas palabras en 2 Corintios lo resumen de la mejor manera. Cuando hemos hecho algo mal e hicimos un desastre, ¿sentimos la tristeza de Dios o la tristeza del mundo?

Dios sabe que vamos a arruinar las cosas. Los humanos han arruinado sus planes y le han dado la espalda desde el comienzo de los tiempos. Está en nuestra naturaleza. A veces, es más fácil tomar lo que creemos que queremos en lugar de esperar por lo que Dios tiene para nosotros.

Dios quiere que nunca elijamos la tristeza del mundo que lleva a la muerte. Él no solo quiere que regresemos, sino que también va a enmendar lo que está roto porque nos ama en demasía. Él siempre está buscándonos, sin importar el desastre que hayamos hecho; nunca se da por vencido con nosotros, ni siquiera una vez. Él quiere que vivamos de tal forma que corramos a su encuentro al verlo, sin importar lo lejos que hayamos estado.

RECORDATORIO

Dios nos ama sin importar el desastre que hayamos hecho. Solo tenemos que pedir perdón.

ESCRIBE...

¿Hay algún error que hayas cometido o un momento en que te hayas arrepentido de algo? ¿Puedes confiarle eso a Dios y saber que Él te ama a pesar de todo?

_____

_____

_____

_____

_____

_____

_____

DÍA 93

Dichosos los de corazón limpio,
porque ellos verán a Dios.

MATEO 5:8

Por momentos tendrás que tomar una decisión e intentarás discernir qué es lo que Dios te pide. A veces no existe una buena opción y una mala, sino que debes intentar discernir qué camino puede ser un poco mejor que el otro. A veces lo hacemos bien y otras veces no.

Sin embargo, este es el punto entre Dios y la promesa de Mateo 5:8: "Dichosos los de corazón limpio, porque ellos verán a Dios". No dice: "Dichosos los que nunca se equivocan" o "Dichosos los que hacen todo lo correcto", porque Dios siempre se enfoca más en nuestro corazón que en nuestras acciones. Somos personas con defectos que intentamos dar lo mejor y, a veces, nos quedamos cortas.

Si nos permitimos enamorarnos de Jesús por completo, cada vez estaremos más seguros de que nuestro corazón estará siempre en el lugar correcto. Es ahí cuando experimentamos la alegría inmensa de estar en el camino que Dios ha planeado para nosotros y nuestros deseos comienzan a alinearse más con los de Él.

Eso no significa que nos volveremos perfectos. A Dios no le preocupa que seamos perfectos. Él sabe exactamente quiénes somos, con nuestras imperfecciones y debilidades. Él es nuestro creador y sabe qué hacer con nuestros defectos. Cuando nuestros corazones están limpios podemos ser las personas que Dios creó en realidad.

RECORDATORIO

Dios quiere que tengamos un corazón limpio que lo busque a Él.

ESCRIBE...

¿Alguna vez pensaste que estabas haciendo lo correcto, pero no funcionó? ¿Tu corazón estaba en el lugar correcto?

_____
_____
_____
_____
_____
_____
_____

DÍA 94

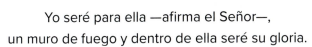

Yo seré para ella —afirma el Señor—,
un muro de fuego y dentro de ella seré su gloria.

ZACARÍAS 2:5

El mundo nos dice que tenemos que hacer todo, ser todo y lograr todo. Tenemos que hacer cosas grandes e importantes; obtener buenas notas, ser buen atleta y participar de un millón de actividades extracurriculares. Nunca una generación se ha esforzado tanto por estar a la altura y, a su vez, nunca se ha preocupado tanto por no estarlo.

¿Confías en que Dios te dará lo que necesitas? En el fondo, a todos nos cuesta creer que Dios va a guiarnos hacia lo que es mejor para nosotros. ¿Qué podría suceder si comenzaras a vivir sin construir muros a tu alrededor y dejaras que otros vieran quién eres en realidad? ¿Qué pasaría si de verdad vivieras sabiendo que las promesas que Dios son un muro de fuego a tu alrededor y la gloria dentro de ti?

Dios quiere engrandecer tanto tu vida que los muros no puedan contenerla. Él quiere que tengas paz y alegría. Él será tu protección. Él será el muro de fuego que te rodee y te recuerde que tu vida es suficiente, porque Él es suficiente.

RECORDATORIO

Dios ha construido un muro de fuego a tu alrededor y hará que su gloria brille en tu vida.

ESCRIBE...

¿De qué maneras te sientes presionada a ser mejor o a hacer más? ¿Crees que Dios te va a dar todo lo que necesitas?

DÍA 95

> Jesús lo miró con amor y añadió: "Una sola cosa te falta: anda, vende todo lo que tienes y dáselo a los pobres, y tendrás tesoro en el cielo. Luego ven y sígueme". Al oír esto, el hombre se desanimó y se fue triste porque tenía muchas riquezas.
>
> MARCOS 10:21-22

Este joven rico corre a Jesús, se arrodilla y se emociona por aprender de sus enseñanzas. Jesús le enumera los mandamientos y el joven orgulloso afirma que los ha cumplido todos. Sin embargo, Jesús ve más allá y le señala que debe vender todo lo que tiene y dárselo a los pobres. El joven, casi de inmediato, entiende que este es un paso muy grande y se aleja triste.

A veces, por mucho que amemos a Dios, estamos limitados porque nos aferramos a cosas que Él nos pidió dejar atrás. Dios quiere darnos nuevas amistades, relaciones y oportunidades para servirlo, pero nosotros nos aferramos a nuestros miedos y a nuestra seguridad, porque no creemos que Dios vaya a darnos todo lo que necesitamos, cuando, en realidad, va a darnos mucho más. En momentos como este necesitamos tener una fe valiente.

¿Qué tan diferente hubiera sido la vida de este joven si hubiese dicho que sí? ¿Qué tan diferente sería nuestra vida si decimos que sí?

RECORDATORIO

Jesús siempre nos dará a cambio mucho más de lo que nos pide dejar.

ESCRIBE...

¿Qué es eso que te da miedo dejar? ¿Puedes confiar en que Dios te dará mucho más a cambio?

_____

_____

_____

_____

_____

_____

_____

Ahora que llegamos hasta la última actividad y a la semana que finaliza este devocional, vuelve hacia atrás, busca algunos versículos o frases que signifiquen mucho para ti y escríbelas en tarjetas. ¡Puedes decorarlas y hacerlas hermosas si quieres! Luego guárdalas en tu mochila o en tu habitación para dárselas a tus amigos cuando necesiten un poco de ánimo o amor. ¡También puedes pegarlas de sorpresa en sus casilleros de la escuela o en sus loncheras!

DÍA 97

> Los israelitas, sin embargo, cruzaron el mar sobre tierra seca, pues para ellos el mar formó una muralla de agua a la derecha y otra a la izquierda. En ese día el Señor salvó a Israel del poder de Egipto. Los israelitas vieron los cadáveres de los egipcios tendidos a la orilla del mar. Y al ver los israelitas el gran poder que el Señor había desplegado en contra de los egipcios, temieron al Señor y creyeron en él y en su siervo Moisés.
>
> ÉXODO 14:29-31

Es probable que en ciertos momentos de tu vida una situación parezca tan imposible que puedas identificarte con los israelitas. En esos momentos no existe una decisión segura, y es fácil dejar que el miedo y la duda nos inunden. ¿Cuántas veces hemos pensado: "¡Es imposible!" o "¡NO HAY FORMA de arreglar esta situación!"?

Cuando vienen tiempos difíciles, tendemos a confiar en lo que podemos ver y nos olvidamos de aquello en que creemos. En esencia, la humanidad siempre ha sido igual, y los hijos de Israel no fueron la excepción. Se preguntaban por qué Dios no los había dejado morir en Egipto en lugar de llevarlos al desierto. A veces perdemos la perspectiva del Dios al que servimos porque estamos cegados por los miedos y los problemas que tenemos adelante, y eso es todo lo que podemos ver.

Sin embargo, servimos a un Dios que nos dará todo lo que necesitemos exactamente en el momento en que lo necesitemos.

Él abre los mares justo a tiempo, calma la tormenta justo en el momento en el que está a punto de sobrepasarnos y allana el camino aun cuando parece demasiado difícil. Él solo espera que confiemos el Él.

RECORDATORIO

El Dios que dividió el mar Rojo para los israelitas es el mismo Dios al que servimos hoy. Él puede hacer lo imposible en cualquier situación.

ESCRIBE...

¿Estás enfrentando un problema que parezca demasiado grande? ¿Confías en que Dios va a ayudarte a superarlo?

_____

_____

_____

DÍA 98

No tengas miedo, María; Dios te ha concedido su favor —le dijo el ángel—. Quedarás embarazada y darás a luz un hijo, y le pondrás por nombre Jesús. Él será un gran hombre y lo llamarán Hijo del Altísimo. Dios el Señor le dará el trono de su padre David y reinará sobre el pueblo de Jacob para siempre. Su reinado no tendrá fin.

LUCAS 1:30-33

Piensa en María. Es probable que no haya sido mucho mayor que tú cuando el ángel le tiró esta bomba. Por lo que sabemos, ella no pidió este papel en los planes de Dios. Él solo se apareció en su vida y ella se volvió parte de su plan. Él vio algo en su corazón y en su espíritu que le hizo saber que sería fiel.

Cuando Dios nos llama a eso increíble o a ese lugar difícil, ¿confiamos en Él? ¿Tenemos corazones abiertos para ir adonde nos guíe sin importar el costo? ¿Podemos decir, al igual que esa joven María, "Aquí tienes a la sierva del Señor"? En la Biblia, muchas veces vemos que Dios le habla a personas más viejas y experimentadas que expresan todos los motivos por los cuales no pueden hacer lo que Dios les pide. Sin embargo, aquí tenemos a María, que no hizo ninguna pregunta más que cómo podría suceder.

Esto también es un gran recordatorio de que no debemos ponernos ansiosos por lo que Dios nos llama a hacer. Él va a mostrarnos y guiarnos en la dirección que desea. Solo debemos tener un corazón dispuesto a seguirlo adonde nos lleve.

RECORDATORIO

Dios puede usarte siempre que tengas un corazón dispuesto a seguirlo adonde te guíe, no importa qué tan joven seas.

ESCRIBE...

¿Irás adonde Dios te guíe en la vida aun cuando no tenga sentido? ¿Puedes pedirle que te haga valiente como María?

_____

_____

_____

_____

_____

_____

DÍA 99

Tan grande es su amor por los que le temen como
alto es el cielo sobre la tierra. Tan lejos de nosotros
echó nuestras transgresiones como lejos
del oriente está el occidente.

SALMOS 103:11-12

Ya estamos llegando al final de nuestro tiempo juntas y hay algo que necesitas saber. Tal vez sea lo más importante de todo. El amor de Dios por ti es absolutamente intenso, enorme e incondicional. Él ve tu verdadero ser y piensa que cada parte de ti es maravillosa. Tú eres exactamente lo que tenía en mente incluso desde antes de poner los cimientos de la tierra.

Jesús murió en una cruz por tus pecados porque te ama inmensamente. Si hubieses sido la única persona sobre la tierra, también lo hubiera hecho solo para salvarte a ti. Por lo tanto, cuando pienses en la cruz, piensa en esa viga que va de arriba hacia abajo. Ella te hará recordar lo alto que es el amor de Dios por ti. La otra viga que va de este a oeste recuerda que así de lejos arrojó nuestros pecados.

No hay nada que no puedas hacer, obtener o lograr, porque Dios siempre está contigo. Él va a darte fortaleza cuando estés débil, te hará valiente cuando tengas miedo y vendrá corriendo a buscarte cuando te equivoques. Vive tu vida de tal manera que el mundo pueda ver que tienes un Padre que te adora. Sé fuerte, sé valiente y sé amable. Dios te ama.

RECORDATORIO

Dios te ama hasta el cielo y ha quitado todo tu pecado. Eres libre para amar y para vivir.

ESCRIBE...

Dedica un tiempo a escribir lo que el amor de Dios significa para ti y para tu vida. ¿Estarás más dispuesta a arriesgarte y vivir una fe valiente sabiendo que el Creador del universo te ama tanto?

_____

_____

_____

_____

_____

_____

_____

DÍA 100

Si ahora te quedas absolutamente callada, de otra parte vendrán el alivio y la liberación para los judíos, pero tú y la familia de tu padre perecerán. ¡Quién sabe si precisamente has llegado al trono para un momento como este!

ESTER 4:14

Esto es lo importante de Dios. Muchas veces, Él usa a las personas menos pensadas para que las cosas se hagan. Mira la historia de Ester. Una chica valiente en el lugar indicado y al momento correcto salvó a una nación entera de la destrucción. Una chica valiente, que no tuvo miedo de levantar su voz, cambió el curso de la historia.

No hay dudas de que Dios te ha puesto donde estás, en este momento y en esta generación, para un tiempo como este. Hay personas alrededor de ti que necesitan del amor y la gracia de Dios de forma desesperada. Vivimos en un mundo que necesita personas valientes que hablen de la diferencia entre la verdad de Dios y las mentiras que este mundo intentará venderte. ¿Eso puede darte mucho miedo? Por supuesto. Pero ¿vale la pena? Siempre.

La historia de Ester es un recordatorio de que Dios usa a las personas más ordinarias y menos pensadas todo el tiempo, y tú no eres la excepción a la regla. Él es un Dios que se especializa en utilizar los actos de fidelidad comunes y diarios para cambiar el mundo que nos rodea. Solo tenemos que estar dispuestos. Solo debemos tener una fe valiente.

RECORDATORIO

Cuando estás dispuesta a ser valiente, Dios puede usar tu vida para hacer una gran diferencia en el mundo.

ESCRIBE...

¿A qué le tienes miedo? ¿Cómo puedes confiar en Dios y vivir una vida con valentía?

100 DEVOCIONALES PARA NIÑAS | **209**

ACERCA DE LA AUTORA
MELANIE SHANKLE

Melanie Shankle es autora de *bestsellers* como *Sparkly Green Earrings* [Los aros verdes brillantes], *The Antelope in the Living Room* [El antílope en la sala] y *Nobody's Cuter Than You* [Nadie es más linda que tú]. También es autora de *The Church of Small Things* [La iglesia de las cosas pequeñas] y *Everyday Holy* [Santidad diaria]. Es oradora en eventos a lo largo de todos los Estados Unidos y escribe en su blog diario, *Big Mama* [Gran mamá]. Melanie se graduó de la Universidad A&M de Texas y vive en San Antonio, Texas, con su esposo, Perry, y su hija, Caroline.

 @melanieshankle

 Melanie Shankle

 @BigMama

www.thebigmamablog.com

ACERCA DE LA ARTISTA
HEATHER GAUTHIER

Heather Gauthier vive con su esposo y sus dos hijos pequeños en San Antonio, Texas. Desde su pequeño estudio, que también es una cueva de LEGO, produce más de cien pinturas originales al año. Después de vivir en todos lados, desde Chicago hasta Sudáfrica, finalmente se dedicó a tiempo completo a su carrera de artista en su estado de origen, Texas. Su estilo es la consumación de su experiencia trabajando con telas y flores, y las infinitas horas observando animales en internet.

 @heathergauthierart

 Heather Gauthier Art

www.HeatherGauthier.com

212 | Una fe valiente

222 | UNA FE VALIENTE

100 DEVOCIONALES PARA NIÑAS | 223